中学受験 合格メンタルの作り方

臨床心理士が書いた決定版!!

真田 涼

日本能率協会マネジメントセンター

はじめに

こんにちは。この本を手に取ってくださった、ということは…。

あなた、ひょっとして中学受験で少しお悩みですか？

なんだかイライラ、あるいはちょっと憂鬱…。

そんなあなた、10秒だけ時間をください。

指を組んで両手をそのまま上にあげ、思いっきり伸びをしてみてください。

そして、両手をダラーンと下におろす。

ちょっとだけ気分が晴れませんか？


私自身も2人の子どもの中学受験を通して、悩める日々の連続でした。

1人目の受験を終え、2人目は楽勝かと思いきや2人目は性格も好きな科目も全て真逆。その上、多くの学校がWEB出願に切り替えるなど、戸惑うことばかり…。

この本はそんな『元・中受お悩みのプロ』（自慢になりませんが）の私が20年以上の臨床心理士・公認心理師の経験をふまえて編み出した、中学受験をサポートする親御さんのお悩みに寄り添うノウハウやヒントをまとめたものになります。

私達、臨床心理士はケーススタディ（事例検討）をよく行いますが、なぜだと思いますか？

それは、起こりやすい事例を疑似体験することで、教訓を学び、リスクを未然に防ぐことや問題解決に役立てるためです。

この本では、小学校低学年から受験本番、そして、受験の後までをロードマップのように章ごとにまとめてあります。

各章の最初にショートストーリーがありますので、みなさまには、まずはそちらで疑似体験をしていただきます。そして、その後に続く解説やその時期ごとのQ＆A、「メン活」、コラムに目を通していただき、様々な対応方法についての引き出しを増やしていただくという流れになっております。

解決方法は、決して1つではありません。他者の視線を入れることで、こんな方法もある、あんな方法もあるというように、引き出しが多ければ多いほど、解決の糸口も広がっていきます。

受験生の気持ちがわかる元中学受験生の代表として、現役東大生Ｚｅｎのコラムと、ヨガインストラクターＭｉｈｏの体を整えるメン活も紹介しています。

中学受験をするお子さんはもちろんですが、受験をサポートする親御さんも、心身共にかなりお疲れかと思います。ストレスは目に見えないものなので、自分がどんなことにどのくらいストレスを感じているかということは非常に分かりにくいですよね。

そこで、まずは「ストレスチェック受験版」で、あなたの今の状態を確認してみませんか？

そして、自分のストレスレベルや傾向が分かったら、一緒に「メン活」していきましょう。

「メン活」というのは、「メンタルケア活動」を略したものです。長い受験生活において、ストレスをゼロにすることはできませんが、ストレスと上手に付き合うことはできます。

親子で「中受メン活」に取り組むことで、中学受験が親子の絆を深めてくれることでしょう。

そして、なによりも、親御さんのメンタルの安定がお子さんを合格へと導いてくれます。


さあ、一緒に「メン活」しましょう♪

臨床心理士・公認心理師
真田　涼

ストレスチェック受験版

❶ストレスチェック受験版のおもて面のみを用意します。

質問項目について、あてはまるものには○、あてはまらないものには×を、おもて面のA欄に記入してください。

❷ストレスチェック受験版のうら面も用意します。

先ほどのおもて面のA欄の○×と、B欄の○×を照らし合わせてください。A欄とB欄の記号が同じだったら、うら面のC欄に◎（二重丸）、違ったら×を記入します。

❸うら面のC欄の◎（二重丸）の数をA・B・C・Dそれぞれ数えて合計数を記入します。

❹最後に、A・B・C・Dすべての合計点を記入します。

それがあなたの今回のストレス数値になります。内訳や対処法は、うら面を参考にしてください。

※すべての合計（ストレス数値）が55点中、33点以上であれば黄色信号です

ストレスチェック 受験版

あなたについて伺います。あてはまるものには○を、あてはまらないものには×を、A欄に記入してください。

	A欄
A 1 やるべきことが非常にたくさんある	1
2 子どもの受験を理由にやりたいことができない	2
3 ねぎらいの言葉をかけてもらっている	3
4 パートナーは子どもの受験に協力的だ	4
5 育児や家事、受験のサポートにおいて、手を抜くこともある	5
6 経済的に不安がある	6
7 子どもの勉強態度や成績について、きつく叱責したことがある	7
8 パートナーや家族と受験についての価値観が異なる	8
9 苦手なママ友・パパ友がいる	9
10 自分ひとりの時間がとりにくい	10
11 受験のサポートは、やりがいがある	11
12 体力が落ちたと感じている	12
13 自分のペースで育児や家事、受験のサポートができる	13
14 孤独を感じる時がある	14
15 この数年で急激に体重が増えた又は減った	15
16 子どもがいない（寝ている）時間などには、自分の好きなことに取り組んでいる	16
17 自分は受験のサポートには向いていないと思う	17
18 子どもの成績に一喜一憂してしまう	18
19 子どもの受験のことを相談できる人がいる	19
20 自分の学歴にコンプレックスがある	20
B 1 活気がわいてくる	1
2 元気がいっぱいだ	2
3 生き生きする	3
4 怒りを感じる	4
5 イライラしている	5
6 ひどく疲れた	6
7 だるい	7
8 気がはりつめている	8
9 不安だ	9
10 落ち着かない	10
11 ゆううつだ	11
12 何をするのも面倒だ	12
13 物事に集中できない	13
14 気分が晴れない	14
15 仕事が手につかない	15
16 悲しいと感じる	16
17 めまいがする	17
18 頭が重かったり頭痛がする	18
19 首筋や肩がこる	19
20 腰が痛い	20
21 目が疲れる	21
22 動悸や息切れがする	22
23 胃腸の具合が悪い	23
24 食欲がない又は食べ過ぎたり飲み過ぎたりする	24
25 よく眠れない	25
C 1 塾や学校の先生と気軽に話ができる	1
2 パートナーや親、兄弟と気軽に話ができる	2
3 友人等と気軽に話ができる	3
4 あなたが困った時、塾や学校の先生は頼りになる	4
5 あなたが困った時、パートナーや親、兄弟は頼りになる	5
6 あなたが困った時、友人等は頼りになる	6
7 あなたの個人的な相談に塾や学校の先生はのってくれる	7
8 あなたの個人的な相談にパートナーや親、兄弟はのってくれる	8
9 あなたの個人的な相談に友人等はのってくれる	9
D 1 今の受験生活に満足だ	1

①A欄の○×がB欄と同じ場合はC欄に◎を記入してください。

②◎の合計欄に、◎の数を記入してください。

ストレスの傾向と心がけ	B欄	C欄	◎の合計欄

Ⓐストレスの原因

<内訳>

受験の心理的負担（量） 1. 5
受験による自己犠牲度 2
やりがい 3. 11
受験環境 4. 8
経済的不安 6
虐待リスク 7
対人環境 9
オンオフの切り替え 10. 16
身体的負担 12. 15
コントロール度 13
孤立感 14
受験の心理的負担（質） 17. 18
相談環境 19
学歴によるストレス 20

<対処法>

ストレスをためやすい人の特徴として、生真面目、頑張り屋、人からの頼みごとを断れない自己犠牲的、模範的、気を遣い過ぎる、過度な負けずぎらい、完璧主義などが挙げられます。

短時間であっても、趣味など好きなことを意識的に取り入れると、ストレス解消に繋がります。

また、無理をしないこと、時には手を抜くことも大切です。

B欄	C欄	A合計
○ 1	1	
○ 2	2	
× 3	3	
× 4	4	
× 5	5	
○ 6	6	
○ 7	7	
○ 8	8	
○ 9	9	
○ 10	10	
× 11	11	
○ 12	12	
× 13	13	
○ 14	14	
○ 15	15	
× 16	16	
○ 17	17	
○ 18	18	
× 19	19	
○ 20	20	

Ⓑ心身への影響

<内訳>

活気 1. 2. 3
イライラ感 4. 5
疲労感 6. 7
不安感 8. 9. 10
抑うつ感 11〜16
身体愁訴 17〜25

<対処法>

ストレスが原因で心身に不調があらわれています。まずは生活リズムを整えましょう。

3食バランスの良い食事を摂る、適度な運動をする、早寝早起きをすることを心掛けましょう。

生活リズムが整うと良質な睡眠を取ることができ、受験へのより良いサポートに繋がります。

B欄	C欄	B合計
× 1	1	
× 2	2	
× 3	3	
○ 4	4	
○ 5	5	
○ 6	6	
○ 7	7	
○ 8	8	
○ 9	9	
○ 10	10	
○ 11	11	
○ 12	12	
○ 13	13	
○ 14	14	
○ 15	15	
○ 16	16	
○ 17	17	
○ 18	18	
○ 19	19	
○ 20	20	
○ 21	21	
○ 22	22	
○ 23	23	
○ 24	24	
○ 25	25	

Ⓒ影響因子

<内訳>

塾や学校の先生からのサポート 1. 4. 7
パートナーや親兄弟からのサポート 2. 5. 8
友人等からのサポート 3. 6. 9

<対処法>

ストレスがかかる出来事については、誰かに話すことで気持ちが整理され、ストレス解消に繋がります。

パートナーや親兄弟、友人、先生のいずれにも話しにくい場合は、日記を書く、電話やメールの相談を利用する、専門家に相談するなど、表に出すことを心掛けましょう。

B欄	C欄	C合計
× 1	1	
× 2	2	
× 3	3	
× 4	4	
× 5	5	
× 6	6	
× 7	7	
× 8	8	
× 9	9	

Ⓓ満足度

満足していない場合は、塾や志望校、受験そのものを見直しても良いかもしれません。

B欄	C欄	D合計
× 1	1	

全ての合計

中学受験 合格メンタルの作り方 もくじ

購入者特典

受験直前に、親御さんからお子さんに向けて手紙を書くための、特製便箋をダウンロードできます。印刷してご活用ください。
https://www.jmam.co.jp/pub/9229.html
※読者特典のデータ提供は予告なく終了することがあります。あらかじめご了承ください。

Mental Care

第1章

小学4年生まで

ショート
ストーリー
Short Stories

塾難民

あらすじ 由希子には太陽という小学3年生の息子がいた。同じ学年の子どもがいる大学時代の友人の香織と久しぶりにランチをした。香織の娘の詩織が中学受験をする理由を聞いて、由希子も中学受験を考えるのだが……。

「香織、久しぶりだね。元気だった?」

「元気、元気。でも、ごめんね、今日、詩織の塾の日だから、2時にはここを出るね」

「詩織ちゃん、塾行ってるの?」

「そうだよ。言ってなかったっけ? 詩織のクラスが学級崩壊状態になってる話」

「えっ!? 太陽のクラスが今、まさにそうなんだけど…。気になる、教えて、教えて」

「詩織のクラスの担任が産休に入ることになって、代わりの先生が来たんだけど、その先生の指導力がないというか、なんというか…。なんか、完全に子ども達になめられちゃってるかんじなのよ。それで、何人かのやんちゃな男子が勝手にクラスを出て行ったり、そのことを先生に注意されると、ほうきや上履きを投げたりして暴れるの」

「それ、今の太陽のクラスと全く一緒の状態なんだけど」

「ホント!? それで、一回、そのほうきがたまたま詩織の目の近くに当たって、保健室に行ったことがあるんだけど、その時に、学校から連絡が全くなかったの」

「目の近くだなんて、危ないじゃん」

「そうでしょ。一応眼科にも行って、大丈夫だったんだけど。学校から連絡が来るかと思って、ずっと待ってたのに、結局連絡が来なくて、主人も怒っちゃったの。もう公立なんかに任せられないって言うんで、話し合って、中学受験をすることにしたの。それで中学受験の塾に行ってるのよ。もともと詩織ってやんちゃな男子が苦手だったから、女子校の方が合ってそうだなって思ってたし…」

太陽のクラスは、3年生になって若い女の先生が担任になったが、何人かの男子が授業中に立ち歩くなどの状態が続き、任意で保護者が校内を巡回していた。

「太陽のクラスはね、ママ友が学校に巡回しに行ったら、給食の時間に男子が何人かで牛乳パックを投げてたみたいで、先生が注意しても、全然収まらなかったらしいの。そしたら先生、教壇に顔を伏せて泣いちゃってたんだって。それ以来、先生が学校を休みがちになっちゃって…。

でも、あとで、実はその牛乳パックの投げ合いに太陽も少し加わっていたことが分かったの。太陽って、お調子者だし、幼いから、そういう楽しそうなことにつられちゃうんだよね…。

「だったら、太陽君も中学受験してみたら？」

「えっ!? 中学受験？ 太陽が？」

「そう。私立中学は同じくらいの学力や価値観の家庭が集まるから、お友達につられちゃうタイプなら、そういうやんちゃな子がいない私立の方が絶対いいって」

「でも… 太陽って自由人だし、私立は校則が厳しそうだし、合わないんじゃない？」

「私立はいろいろな学校があるから、太陽君に合うところを選べば大丈夫だよ。あれっ？ 確か、太陽君って、作文上手じゃなかった？ だったら麻布なんか向いてるかもよ。あそこは制服がないって聞いたし」

「あざブッ…。あの、超難関中学校の？ やめてよ。もう、お茶吹き出しちゃったじゃん」

「あっでも、私は男子校のことはあんまり詳しくないよ。せっかくだから、麻布とか中学受験のこととか、いろいろ調べてみたら？」

「やめてよ」とは言ったものの、香織の言葉がひっかかり、由希子は駅前に来ていた。

（中学受験なんて考えてみなかったけど…。たしかに香織が言うように、このまま地元の中学に通わせるのも不安だしなぁ…。太陽は麻布向きらしいから、とりあえず、塾のパンフレットだけでももらってみようかな？）

『麻布に行くならＪＡＰＩＣ』という看板のある塾に、由希子は思い切って入ってみた。

「すみません。塾のパンフレットをいただけますか？」

「今、何年生でいらっしゃいますか？」

「小3ですけど…」

「申し訳ございません。小学3年生は現在募集を停止しておりまして…」

「そうなんですね。いつから募集は再開します？　小4からですか？」

驚いて由希子が尋ねると、塾の受付の女性は、申し訳なさそうに言う。

「いいえ、現在の小学3年生は既に定員に達してしまっているので、空きが出ましたら募集をする形になります」

「えっ!?　小3なのにもう定員に達しているなんて、そんなことあるんですか？」

「はい、申し訳ございません。こちらの校舎は特に人気がございまして、現在は小学1年生以外の全ての学年で募集を停止しております。ホームページにも不定期に、最新の募集状況をアップしておりますので、そちらをご覧いただけたらと思います。あとは、5つ先の駅にもＪＡＰＩＣの別の校舎がありまして、そちらでしたら、小学3年生も空きがございます。よろしければ、そちらもご検討いただけたらと思います」

小3で募集停止なんてどういうこと？　それに5つ先の駅なんて小3の子が通うには遠すぎる。

でも…。

(太陽君は麻布向きだよ。作文もうまいし)

香織の言葉が心に響いた。

5つ先の駅の校舎にも、『麻布に行くならＪＡＰＩＣ』と大きな文字で書かれていた。

「すみません、小3の子どもで通塾を考えているのですが、まだ募集していますか？」

「小学3年生ですね。はい。募集してますよ」

「よかった。じゃあ、お願いします」

「入塾テストのお申し込みですね？」

「えっ⁉　入塾テスト？　塾に入るのにテストなんてあるんですか？」

「はい。まずは、来月の入塾テストを受けていただきます」

「入塾テストで落ちる子もいるってことですか?」

「そうですね。入塾基準というものがございますので、基準に達しましたら入塾していただくという流れになります。JAPICの昨年度の合格実績もパンフレットにはさんでおきますので、ぜひご検討いただけたらと思います」

そこには麻布の合格者数200名/定員300名と書いてあった。

5つも先の駅で、しかも入塾するのにテストがあるなんて。

中学受験の世界って、こんな感じなんだ。知ってたら、もっと早くから動いたのに……。

由希子の胸に少し苦い思いが残った。

その後も、家の近所の塾を何軒か回ってみたけど、麻布にはあまり合格実績がない塾ばかりだった。入塾テストがなかったり、1か月無料体験実施中のところもあったりして、それは魅力でもあったが、あまりピンとこない。1つだけ、麻布にもまあまあの合格実績がある塾があったけど、そこには、同じクラスのやんちゃな男子が通っているみたいだから、ここも候補から外すしかなかった。

家に帰って、パソコンで各塾の合格実績を見てみると、塾によってかなり幅があった。

う～ん。塾選びね…。どこがいいんだろう…。

あれっ⁉

麻布の合格者数は、JAPICが約200名、慶応アカデミアが約100名、五山中塚が約50名、万能研が約50名…と全ての塾の合格実績を足すと、麻布の定員300人をゆうに超えてるんだけど。一体、どういうこと？　なんだかよく分からないけど、一番麻布に合格しているのがJAPICみたいだから、JAPICの入塾テストにチャレンジするのが麻布への近道なのかな？

あぁ～あ。結局、こんなに歩き回ったのに、何も進展していないや。あんまり頼りにならなそうだけど、とりあえず、ダンナに相談してみるか…。

「ねえ、来月、太陽にJAPICの入塾テストを受けさせてみようと思うんだけど」

由希子のダンナは地方出身で、高校も大学も地元の公立の学校に通っていた。

「オォー！　太陽が塾に行きたいって言うなんて珍しいな。明日、雪でも降るんじゃないか？」

「太陽にはまだ言ってないよ。入塾テストに落ちたら可哀そうだから…」

「えっ⁉　太陽が塾に行きたいって言い出したんじゃないの？」

「違うよ。麻布に合格した子どものほとんどがJAPICっていう塾に通っているらしいから、そこの入塾テストをまずは受けてみようかなってことなの。でも、うちの近くのJAPICの校舎は募集も停止してるの。まあ、それだけ人気ってことなんだけど」

「何言ってるか、さっぱり分かんないんだけど、太陽に中学受験をさせたいってこと？　無理無理。庶民が私立とかありえないから。いくら金がかかると思ってるんだよ」

「塾代は大したことないよ。月に2万くらいだから…」

「俺が言ってるのは塾代じゃなくて、私立にかかる金のこと言ってるの。それに、月2万円？　大したことあるよ。年間24万だろ。高いよ。24万あれば旅行に行けるよ」

「詩織ちゃんも中学受験するんだって。あそこもうちと同じくらいの経済状況じゃん。だから、うちも…」

「あそこは、ひとりっ子だろ。うちは下にもう一人いるじゃん。とにかく、私立なんて金持ちが行くところだから無し。高校受験ならともかく、中学受験なんて、うちは絶対にあり得ないから」

絶対にあり得ない、あり得ない、あり得ない………。

ダンナは、真剣に太陽の将来を考えようともしないで、お金の話ばっかり…。

（どうやったら、ダンナを説得できるかな？）

由希子は大きくため息をついた…。

解説
Explanation

小学4年生／受験で気をつけること

低学年からの通塾について

中学受験準備のスタート時、家族の意識のすり合わせが大事！

中学受験は、お子さんと親御さんとの二人三脚とよく言われますが、実際には、家族や祖父母、塾や学校の先生など、多くの人の協力やサポートの上で行われているご家庭も多いため、三人四脚、四人五脚で行われています。

二人三脚で行う中学受験において、通塾時期についてもそうですが、そもそも中学受験をするかしないかについて、お子さん本人と親御さんとの考えが一致していないと、それぞれの進む方向がバラバラになり、前に進むことが難しくなってしまいます。ですから、まずは中学受験をするかしないかを夫婦で話し合ってどうするかを決めることが大切です。

突然ですが質問です。誰かとランチに何を食べるかという話になった際に、あなたは「イタリアンが良い」と言ったら、相手は「中華が良い」と意見が分かれたとします。あなたならどうしますか？

❶イタリアンになるように、相手を説得する。

❷「中華で良いよ」と相手に合わせる。

❸「イタリアンも中華もあるお店にする」「イタリアンでも中華でもない和食にする」といったように、新たな選択肢を考える。

❶のイタリアンになるように相手を説得する人は、アグレッシブタイプ（攻撃タイプ）。
❷の「中華で良いよ」と相手に合わせる人は、ノンアサーティブタイプ（非主張タイプ）。
❸の「イタリアンも中華もあるお店にする」「イタリアンでも中華でもない和食にする」といったように新たな選択肢を考える人は、アサーティブタイプ（バランスタイプ）になります。

コミュニケーション方法の1つに**アサーション**というものがあります。アサーションとは、1950年代に、アメリカの心理学者ジョゼフ・ウォルピによって、行動療法として開発されたものです。相手を尊重しつつ、自分の意見を主張するコミュニケーション方法の1つです。

アサーションには3つのスタイルがあります。

❶アグレッシブタイプ（攻撃タイプ）

❷ノンアサーティブタイプ（非主張タイプ）

❸アサーティブタイプ（バランスタイプ）

アグレッシブタイプ（攻撃タイプ）は、相手の主張を考慮しないで、自分の意見を強く主張するスタイルです。

ノンアサーティブタイプ（非主張タイプ）は、自己主張を一切しないで、相手の意見に合わせるスタイルです。

アサーティブタイプ（バランスタイプ）は、相手の主張も踏まえつつ、自分の意見もしっかり伝えるスタイルです。

中学受験は、1＋1＝2のように、答えが1つではありません。どれが正解かが分からないからこそ、色々なひとの意見も重要になってきます。

ショートストーリーでは、母親（由希子）が、「どうやってダンナを説得するか？」と思い悩むシーンがありましたが、説得は、話し合いではありません。アサーティブなコミュニケーションを心掛けることで、それぞれのご家庭の中学受験の最適解が見えてくるかと思います。

そして、中学受験をすることが決まったら、お子さんの心身の状態や学習能力、体力、性格、その他の習い事といった**お子さんについての状況をしっかり把握**し、さらに、家庭の経済状況や親御さんの役割分担、その他の**家族の協力やサポート状況なども整理**していきましょう。その上で、いつから、どこの塾に通塾するのか、他に習い事をしている場合はそちらをいつまで継続するかなど、中学受験についてのお互いのイメージをしっかり夫婦で共有します。最終的には、お子さんとも共有し、みんなで同じゴールに向かって、前進していくことが成功のカギとなります。

この際に、１つうまくいくコツをお伝えします。

頭の中のイメージの共有というのは、実は非常に難しいものなのです。口頭では言った・言わないといった問題が生じたり、言い間違いが起きたりすることもありますよね？　その場で消えてしまう口頭での発言に比べて、書いた文字は残るため、確認したい時にいつでも見ることができます。

大事な話をする時は、**メモを取りながら話をして可視化を心掛ける**と、イメージが共有しやすく、ズレが生じにくくなります。

中学受験で人気の塾は、入塾が難しいところも！

ＳＡＰＩＸなどの一部の人気校舎では、入塾生の募集を停止している学年があります。そのため、『塾難民』という言葉も聞かれるようになり、人気の校舎では、幼稚園の年中から入塾しないと席が確保できないという問題が生じていました。しかし、近年では、かなり緩和され、一部の人気校舎でも、低学年のうちから募集停止をしている校舎はあまり無いようです。

募集停止が減少している理由

塾難民問題が解消されつつあるのは、中学受験者数が減っているからではありません。中学受験者数はむしろ増えています。2024年の中学受験者数は52,400名で微減していますが、受験率は過去最高の18.12%となっています。

それなのに、なぜ低学年から入塾しやすくなったのでしょうか。それは、塾側が新校舎を設立するなど受け入れ枠を増やしたことや、低学年から入塾を希望する家庭が減ったことが理由ではないかと言われています。

受験者数は過去最高なのに、低学年から入塾を希望する家庭が減っているという現象は、一見、矛盾しているようにみえます。こちらの現象について詳しく説明します。

低学年からの通塾は必要？

低学年から通塾するメリットは、**①学習習慣が身に付く ②学習への興味関心の幅が広がる ③先取り学習をすることで自信に繋がる**、の大きく3つがあげられます。

一方、デメリットは、**①先取り学習により学校の授業がつまらなくなる ②塾に通うことで自由な時間が減る ③キャパオーバーになり学習が嫌いになる**、の大きく3つがあげられます。

昨今、中学受験に対応した塾では、新小4、つまり小学校3年生の2月から入塾することを前提としてカリキュラムを組んでいますので、低学年の授業は、あまり中学受験に特化した内容でない塾がほとんどです。

そのため、低学年からの通塾のメリット・デメリットを踏まえますと、中学受験をするにしても、低学年から中学受験に特化した塾に通わせる必要はなく、新小学4年から通塾することが合理的と考える家庭が増えました。そして、低学年の間は、スイミングやピアノといった習い事をしたり、自宅で問題集に取り組ませたり、塾に通うにしても、公文や理科実験教室などの中学受験に特化していない塾に通わせている家庭が増えたという背景があります。

ただ、募集停止をしている校舎が減ったとはいえ、通いたい校舎が明確な場合は、希望校舎の募集状況を早いうちから適宜チェックされると良いかと思います。

転塾はいつまで?

塾に通わせているうちに、この塾は合わないのではないかと考えることもあるかもしれません。

転塾の理由は、❶**成績不相応** ❷**友人トラブル** ❸**講師の質** の3つが多くあげられます。

❶**成績不相応**は、塾での成績が下位または上位のケースで、成績に見合ったレベルや進度の塾を検討することが多いようです。

❷**友人トラブル**は、成績によってクラスや席が昇降する塾に通っているお子さん達が、そのヒエラルキーをそのまま小学校に持ち込むことでトラブルになることもあるようです。

❸**講師の質**は、昨今、塾講師による不祥事が発生しています。塾講師には資格が必要ないことから講師の質の担保を疑問視する声もあがっています。

塾が合わないと思ったら、転塾を検討することも1つの選択肢かと思います。ただ、塾によって、テキストやカリキュラムなどは異なりますので、転塾は**小5の夏まで**とも言われています。

しかし、転塾することにより、習っていない単元が発生したり、重複して習う単元が出てしまうこともありますので、転塾は、あまり合理的ではありません。そのため、転塾する3つの理由をふまえて、転塾しないですむような塾選びをおススメします。

中学受験における経済的な負担について

データから見る、中学受験の経済的負担

令和3年度の文部科学省の「令和3年度子供の学習費調査」（https://www.mext.go.jp/b_menu/toukei/chousa03/gakushuuhi/1268091.htm）によりますと、私立中学の場合、世帯年収が600万円未満の家庭は約1割で、世帯年収1200万円以上の割合は約4割と最も多くを占めています。

一方、公立中学校の場合は、世帯年収が600万円未満の家庭は約3割で、世帯年収1200万円以上の割合は約1割となっています。

また、学習費用（学校教育費、学校給食費、学校外活動費）については、私立中学校の年間の学習費用の平均は143万6353円で、公立中学校の53万8799円の約2.7倍です。

「名前のない出費」に注意

私立中学校では寄附金を求められるところもありますし、電車通学する場合には、右記の学習費用のほかに定期代がかかります。また部活動によっては、部費やユニフォーム代、道具代、合宿代などがかかりますし、部活動を学校以外の場所で行ったり、試合に行ったりする際には、別途交通費がかかります。留学制度についても、学校によって費用負担はさまざまで、個人負担がほとんどないものから、全額を個人負担するものまでかなり幅があります。さらに文化祭や体育祭などの行事の際には、クラスや部活動、有志などで追加の費用が発生する場合もあります。

女子の中にはみんなが持っているからと高価なものを欲しがるお子さんもいますし、交友関係によっては、年間に何度もお友達とテーマパークに行ったり、長期休みにお友達と旅行に行ったり、お友達の誕生日に高価なものをプレゼントしたりするということもあるようです。

世帯の年間収入別、学校種別学習費総額（中学校）

区　分	中学校 公立 a平均値（万円）	公立 b標準誤差（万円）	公立 標準誤差率 b／a(%)	私立 a平均値（万円）	私立 b標準誤差（万円）	私立 標準誤差率 b／a(%)
400万円未満	40.2	3.0	7.52	123.8	8.6	6.92
400万円 ～ 599万円	48.4	1.9	3.83	137.9	6.7	4.82
600万円 ～ 799万円	51.8	1.8	3.43	122.0	5.1	4.18
800万円 ～ 999万円	50.2	1.6	3.13	125.0	5.0	4.01
1,000万円～1,199万円	64.4	2.4	3.74	149.1	5.1	3.41
1,200万円以上	80.4	5.6	6.96	160.9	4.4	2.73

出典：文部科学省「令和３年度子供の学習費調査」

このように、年間授業料や施設費など、学校案内に書かれている費用以外の**「名前のない出費」**というものがあります。私立中学に通う場合は、書かれている金額以上の経済的な負担はあると思っておいた方が良いと思います。

さて、私もとても気になっていたことなのですが、果たして、どのくらいの世帯年収があれば私立中学校でやっていけるのでしょうか？

兄弟の人数や住居費、祖父母からの援助の有無などにもよるので、一概にいくらというのは難しいかもしれません。東京都私立中学校の授業料を年間10万円助成する支援制度が２０２３年度からスタートしました。その助成金の対象が世帯年収９１０万円未満の家庭（今後は年収制限がなくなる予定）となっていることから、助成金の対象にならない、世帯年収９１０万円以上というのが１つの基準としてあげられるかと思います。

志望校を選ぶ際に、ここをチェック

私立中学の中でも、中学・高校のみの学校よりも、幼稚園や小学校がある大学附属校の方が子ども達の交際費がかさむとも言われているようです。もちろん、実際には、大学附属校に通うお子さんがみんな高価なブランド物を持っている訳ではないですが、やはり、そこは気になるところでもあります。実際に通われているお子さんの親御さんに話を聞いたり、**文化祭など学校に行かれた際に、生徒さんや親御さんの私物や雰囲気をチェックしてみたりする**のも良いかと思います。

必要に応じて働き方の見直しを

ここでは、私立中学に通う際の経済的な負担について取り上げました。場合によっては、これまで専業主婦だったお母様が働きに出るなど、夫婦の働き方について見直す必要もあるかもしれません。中学受験をするにしても、学校は私立だけでなく経済的な負担が比較的軽い国立や県立・都立中高一貫校などもあります。偏差値のみならず、そういった経済的なことも事前によく調べて、中学受験をするかしないか、するとしたら、どこを志望校とするのかを夫婦でしっかり話し合って、共有していくことが中学受験の成功のカギとなるかと思います。

各塾の合格者数について

ショートストーリーの中で、「麻布の合格者数は、ＪＡＰＩＣが約２００名、慶応アカデミアが約１００名、五山中塚が約50名、万能研が約50名…と全ての塾の合格実績を足すと、麻布の定員300人をゆうに超えてるんだけど。一体、どういうこと？」と書かれていましたが、実は、私も全く同じ疑問を抱いていました。

たとえば、2023年の塾発表の開成中学校の合格者数ですが、A塾274名、B塾124名、C塾121名、D塾48名、E塾15名、F塾14名、G塾13名、H塾11名です（合格者数が2桁以上の塾のみ計上）。

開成中学校の募集人数は300名ですが、A塾とB塾を足しただけでも、約400名になります。2桁以上の合格者数を全て足すと620名となり、募集人数の2倍以上になってしまっています。

最初は、A塾の合格者が300名近いと知り、開成中学の生徒のほぼ全員がA塾出身者なのだと思っていたのですが、それだと計算が合わないのです。「どういうこと？」でしょうか？

実は、開成中学校は、募集人数は300名ではありますが、合格者数は、2023年は419名で、定員よりも100名以上多く、合格者を出しています。これは、実際に合格しても入学しないお子さんもいるので、その分を計上して、あらかじめ多めに合格者を出しているのです。

「天下の開成中学を辞退する人なんているの？」と思いますよね。

たとえば、筑波大附属駒場中学校にも合格したので、開成中学は辞退するというツワモノも中にはいます。

でも、多めに合格者数を出している理由はそれだけではありません。関東以外に在住のお子さんが合格の実績が欲しくて、合格しても入学するつもりはないが、受験だけするというケースもあります。中には、塾の方で合格実績が欲しいために、塾が費用負担をして、受験ツアーを組んでいるところもあります。

でも、合格者が419名だとしても、まだ200名くらいの数字が合いません。それでは、塾が意図的に、合格者数を多めに発表しているからでしょうか？

いいえ。そうではありません。

実は、A塾とB塾の2つの塾に通っているというような複数の塾に通っているお子さんもたまにいます。そういう場合は、両方の塾で合格者数としてカウントしますので、ダブルカウント、トリプルカウントされているのです。

また、中には、受験直前期に他塾の学校別対策講座のみを受講したお子さん、学校別模試を1回受験しただけのお子さんを合格者数に計上している塾もあるようです。このように、それぞれの塾で合格者数にカウントされてしまうことから、こういった現象が起こります。合格発表後に、学校別模試を1・2回だけ受けた塾から電話がかかってくることがあるのですが、合格していると気持ちが高揚していて、つい「○○に合格しました」なんて正直に答えてしまうんですよね。
各塾の合格者数合計の計算が合わないのは、こういうカラクリがあるからなのです。決して、塾が水増ししているわけではありません。

POINT

・中学受験をするかどうかは、家庭内で意識のすり合わせをする。
・新小４からの通塾が多いが、希望の校舎があれば低学年からの通塾の検討もあり。
・私立中は公立中の約2倍の学費がかかり、「名前のない出費」もある。

Q&A
Question & Answer

小学4年生までの保護者様のお悩みQ&A

中学受験の最中には、誰もが何かしらの悩みを抱えています。そこで、これまでの仕事で寄せられた沢山のお悩みの中から代表的なものをそれぞれの時期ごとにQ&A形式でまとめてみました。ほんの一部ですが、みなさまのお悩みを解決するヒントやきっかけに繋がればと思います。

Q1 塾に通う前にやるべきことは？

（小1女子のお父様）

娘は、現在小1で、ピアノとスイミングに通っています。中学受験を考えていて、塾には小3から通わせようと思っています。

通塾を開始するまで、低学年でやっておいた方が良いことはありますか？

A1 低学年のうちは、机に向かう勉強以外で、お子さんの好奇心を刺激する体験を提供しましょう！

解説でも触れましたが、低学年から学習する目的は大きく3つです。**①学習習慣が身に付く ②学習への興味関心の幅が広がる ③先取り学習をすることで自信に繋がる**、があげられます。

低学年から学習することで、苦手意識を持ったり、学習することが嫌いになっては、本末転倒です。時間がある低学年のうちは、右記の3つの目的を意識しつつ、詰込み学習ではなく、博物館に行ったり、工場見学などの体験学習をしたり、学習漫画を用意したりしましょう。体験を通じて、お子さんの知的好奇心が刺激され、それが、お子さんの可能性の拡大に繋がります。

Q2 子どもが、好きではない勉強を一切しようとしない。（小2男子のお母様）

息子は、好きな勉強はするものの、好きではない勉強は一切しようとしないので困っています。小2から大手の中学受験塾に通っていますが、まだ行きたい学校がないこともあり、算数の好きな単元は勉強しますが、それ以外は宿題でもやろうとしません。

あまりに動画ばかり見ているので、一度、主人が怒って動画を観られないように設定したのですが、後に、息子が勝手に解除して観ていたことが発覚しました。その後は、どうせ解除されるからと思い、そのままでいます。

動画は好きなのですが、活字は嫌いなようで、本はもちろん漫画でさえもほとんど読みません。どうすれば、国語や社会などの好きではない科目に取り組むようになるでしょうか？

A2 学習アプリや、勉強に役立つ動画などの活用を。

好きではないことにも取り組んでもらいたいですよね。今、小2とのことですので、まだ時間的には余裕があるこの時期においては、好きなゲームや動画を勉強に取り入れてみたらどうでしょうか。

ゲームの「桃太郎電鉄」が地理の勉強にも繋がることは有名な話ですが、ゲームが好きなら、漢字や語彙、歴史年号などの学習アプリもあります。また、学習動画が沢山ありますので、それを観るのも良いですすし、「西の魔女が死んだ」など、入試の物語文でよく出てくる小説が原作の映画を観るのもよいでしょう。オーディオブックなどを通じ、物語を耳で聴くという方法もあります。机上の学習にとらわれず、息子さんの取り入れやすい形からはじめてみると良いと思います。

また、ゲームや動画が好きなら、ただ単に禁止をするのではなく、プログラミングを学ぶなど、逆に好きなことを強みにするという方法もあります。

さらに、昔から**人に教えると理解が深まる**と言われています。たとえば、算数の好きな単元の動画を息子さんといっしょにパソコンやタブレット、スマホなどで作るのも良いと思います。「面積についてまとめた動画なんて作れたりする？」と聞いてみるなどして、今お子さんが好きなことと、ハマっていることが勉強に繋がるようにサポートしてみるのも良いかもしれません。

メン活
Mental Training

親子でメン活①
ストレスってなんだろう？

ストレスを抱えていませんか？

日本では昔から「弱音を吐かないことが美徳」という文化があります。また、メンタル面の不調については、他人に知られたくないという思いもあり、自分ひとりで抱え込んでしまう傾向があります。そもそもストレスがかかっていることに気付かず、ストレスによって頭やお腹が痛くなるなど、体の症状に現れてから初めて気付くというケースも多々あります。

受験でも、スポーツの試合や発表会などの大舞台でも、自分が持っている実力を発揮できるかどうかは、メンタル面に大きく左右されます。

どんなものでも「ストレス」に！ ～ストレスとうまく付き合うには～

そのメンタル面は、周囲の環境の影響を大きく受けるのですが、まだ行動範囲が狭いお子さんの場合は、家庭環境の影響を強く受けます。つまり、家族のメンタル面は相互に影響し合うということです。**親御さんのメンタル面が不安定ですと、お子さんのメンタル面もその影響を受けて不安定になりますし、その逆も起こり得ます**。

ストレスというのは、医学用語でも心理用語でもなく、元々は物理学で使われていた用語です。外部からの刺激に対する反応のことを『ストレス反応』と呼び、その反応を生じさせる外部からの刺激（ストレスの原因）のことを『ストレッサー』と呼びます。一般的に言われているストレスは、このストレッサーのことを指しています。

つまり、**ストレスとは外部からの刺激のこと**です。暑いのも、寒いのも、うるさいのもストレスになります。私達は日々ストレスにさらされており、ストレスを避けて生きていくことは不可能なのです。

みなさん、人前でスピーチする時に緊張してしまって、うまく話せなかったという経験はありませんか？　また、家で勉強するよりも図書館で勉強する方がはかどるということはありませんか？　どちらも、他人の視線というストレスがかかっているのですが、前者は、ストレスが悪い方に作用し、後者は良い方に作用した例になります。

このように、ストレスは悪いものばかりではなく、上手に活用すると、良い方に作用します。

ストレスをなくすことだけを考えるのではなく、受験の成功のためには、ストレスと上手に付き合うことを意識することが大切です。

突然ですが、あなたのストレス発散法は何ですか？

旅行に行く、ランニングする、お酒をのむ、スイーツを食べるなどでしょうか？

では、最後にストレスを発散したのはいつですか？

ついさっき？　1週間前？　あまりにも昔でいつか覚えてない？

ストレスもダイエットと同じで、摂取ストレスと消費ストレスのバランスによって、ストレスの状態が変わってきます。

たとえば、海外旅行がストレス発散法という人は、めったにストレス発散ができないですよね？　そうすると、ストレスは溜まる一方になってしまいがちです。そういう場合は、海外旅行は特別なメン活としてとっておき、日々行うものとしては、『置き換えメン活』が有効となります。

置き換えメン活とは、旅行に行きたいけど行けないときなどに、本来やりたいことに近いものに置き換えるメン活のことです。

たとえば、温泉に行きたいという場合には、お風呂に温泉の素を入れてみる、レストランで外食をしたいけどできないという場合には、宅配してもらうというように、置き換えメン活は、本当にやりたいことを取り入れることが難しい場合に、それに近いものを手軽に取り入れるメン活です。

メン活を毎日10分でも取り入れると、とてもメンタルが安定します。１日10分取り組むと、１週間で約1時間、１か月で約5時間、１年では約60時間になります。１日たった10分やるかやらないかで、年間で実に60時間も差が出るのです。

メン活だけでなく、勉強も、『ちりもつもれば』略して『ちりつも』方式でちょこちょこ取り入れることをおススメします。

おススメは泣ける動画を鑑賞することです。**意識的に泣くことは、日常生活でこらえていた感情が解放され、ストレス発散に繋がる非常に効果的なメン活**です。赤ちゃんが泣く理由としても、お腹がすいた、眠い、オムツが濡れて気持ち悪いなどのような生理的な欲求以外に、泣くことでストレス発散をしているとも言われています。

でも、「泣ける映画を観る時間なんてないよ」という方、そうですよね。映画は2時間くらいかかりますから。泣ける動画は、何も2時間も掛かる映画でなくて構わないです。ＹｏｕＴｕｂｅなどで「泣ける、動画」などと検索すると、数分で泣けるような感動する動画がヒットしますので、試してみてください。

『ながらメン活』を取り入れましょう

でも、「忙しくて、1日10分も作れないよ！」というあなた。実は私もかつて、同じでした。勉強のサポートもしないといけないし、仕事も、家事も、下の子の面倒もみないと…とマルチタスクの嵐で、自分のことはいつも後回し。自分の時間なんて、なかなか作れませんでした。

そこであみだしたのが、**『ながらメン活』**です。ながらメン活とは、寝ながら、お風呂に入りながら、買い物をしながら、何かしながらメン活をすることです。具体的には、寝る時にアイマスクをする、お風呂に入浴剤を入れて動画を観る、洗濯を畳みながら音楽を聴くなどがあります。

『ながらメン活』はとても取り入れやすくておススメなのですが、何かをやりながらなので、せっかくのメン活がスルーされてしまうというデメリットもあります。車の運転をしながらラジオを聴いていて、ラジオの内容が頭に入らなかった、というのと似ています。

ながらメン活をする際には、メン活同士を比較する『くらべメン活』も取り入れると、その効果が倍増します。「このドリンクとあのドリンクどっちがおいしいか」「この間観た動画と今日観る動画はどっちが面白いか」というように**食べ比べ、飲み比べ、見比べなどの比較をすることで、メン活自体に意識が向けられ、メン活の効果がアップする**のです。

『くらべメン活』は1人で行うのも良いのですが、みんなで行うのも楽しいです。たとえば、日々使うお米について、「お米をコシヒカリからササニシキに変えてみたんだけど、いつものご飯と今日のご飯どちらが好き？」とか「プレーンと抹茶とココア味のクッキー、この中でどれが一番おいしかった？」など、家族みんなで比較をしてみるのもおススメです。

また、受験生であるなら、「千葉の紅あずまと鹿児島の安納芋、どっちが好き？」などと、産地も併せて比較をすると社会の勉強にもなりますよ！

中学受験のはじまり

僕の中学受験は、小学3年生の冬期講習から始まりました。小3の秋に、両親から「中学受験をしてみない？」と言われたことがきっかけです。

その時正直僕は「中学受験なんかしたくないな」と思っていました。僕の学校にはすでに進学塾に通っていて、中学受験を公言している人もいましたが、僕の仲の良い友達は誰も中学受験をすると言っていませんでした。

しかし、それよりも中学受験をしたいと思わなかった最大の理由は、「勉強が好きではなかった」からです。

僕の学校のクラスでは、テストで自分の名前を書く際に、習っていない漢字で書いたら減点でした。算数では面積の答えを出す際に、縦×横で求めるように言われていて、横×縦で求めたらバツというような謎のルールがたくさんありました。

漢字の書き取りの宿題は特に大嫌いで、「これは何かの罰ゲーム？」としか僕には思えずにいました。毎回、提出するたびに、先生から「字が雑」「もっと、ていねいに」などと書かれて、すでに書いたものを消して書き直すように付箋を貼られていました。

そんなこんなで僕の中では、「勉強＝つまらないもの」になっていました。

中学受験については、両親と話し合って、試しに塾の冬期講習に行ってみて、授業が楽しければ塾に通って受験をする、つまらなければ辞めるということを僕が最終日に決めることになりました。

「どうせつまらない授業だろ。面倒くさいな」と思いつつ、初めて行ってみた冬期講習の算数の授業。

それは、衝撃的なものでした。

今でも覚えているのが「推理」という課題です。誰が嘘つきか、誰がマンションのどこの部屋に住んでいるかを当てるという問題だったのですが、生まれて初めて「勉強って楽しい」と思えた瞬間でした。

その後、秋山仁先生の『そうか！算数ってこんなにおもしろかったんだ！』という本と出合ったことで、「もっと学びたい」という気持ちが僕の中で芽生えました。それがなければ、今の僕はなかったことでしょう。

多くの子ども達は、「学校や塾の授業＝勉強」だと思っています。そのため、中学受験をさせようと考えているのでしたら、まずはお子さんに塾の授業を体験させてあげてください。体験ができない塾でしたら、僕のように季節講習から始めてみると良いかもしれません。

そして、冬期講習の最終日、中学受験についての僕の答えは…

もちろん「YES!」です。

その後は、正直楽しくない勉強もありましたが、これが僕の中学受験のはじまりです。

Mental Care

第2章

小5の壁

ショートストーリー
Short Stories

ギフテッド

あらすじ　小学5年の空は、幼い頃からとにかく手が掛かる子だった。ところが全国小学生統一テストを空に受けさせたところ、思いのほか良い成績で、そこから空の両親は中学受験を考えることになった。今では大手進学塾の最難関クラスに通っている。だが……。

息子の空が持ち帰ったクシャクシャの塾の模試の成績表を見て優子は苦笑した。算数は満点、理科も1問ミス。社会はケアレスミスで、記号で書くべき地理の問題を都市名そのもので書いてしまった3問以外は正解。国語は、物語文の人物の気持ちが分からなかったようで、平均より少し良い程度。それでも順位は全国で一桁だった。

優子には今も強い記憶として残っている出来事がある。それは、ミッション系の幼稚園の入園試験でのことだ。

誰でも受かると言われている近所の幼稚園の面接で、名前や年齢、好きな食べ物など一通りのことを聞かれ、空はそれにはきちんと答えていた。

だが、面接官のシスターが

「最後に何か聞きたいことはありますか?」とたずねると

「その頭の布の下はどうなっているのですか?」と質問するやいなや、空はシスターに近付き、そのベールを引っ張ってしまったのだ。シスターの隣にいた先生の慌てぶりは、とにかくすごかった。シスターは急いでベールを被り直し、「ずいぶん好奇心がおありのお子さんなんですね」と苦笑いして、面接は終了した。

案の定、翌日、不合格の連絡が来た。

ミッション系ではない他の幼稚園を受けて、何とか無事に合格したものの、入園してからもこの類のトラブルは絶えなかった。

お正月に義理の実家に行った時もそうだった。

「空君おせちが苦手でしょ。だから空君のために昨日からカレー作っておいたのよ。沢山食べてね」

そういって、義母が空の前にカレーを置いた瞬間

「オエー」

空が鼻をつまんで、カレーを遠ざけた。

空は、味覚や嗅覚がとても敏感で、偏食がひどく、野菜も魚もダメ。食べられるものは、白いご飯と一部の肉と一部の果物のみといった状態だった。だから、日によっては、学校の給食もほとんど食べられるものがない日もあるようだ。

「ゴメン。空はカレーもダメなんだ。白いご飯は大丈夫だから、ご飯だけもらえるかな？　カレーは俺が食べるから」

いつものように夫がフォローする。

「そうなの？　普通は、子どもはカレーが好きなものよ。空君は、何でカレーが嫌いなの？」

「カレーはゲリみたいで気持ち悪いです」

「わっはっは。空は本当に面白い子だな」

義父は大笑いして、空の頭をなでた。

「空君は絶対大物になりますよ」

義兄も温かい目で空を見ていた。

「空君がカレーが嫌いだとは知らなかったわ。ごめんなさいね！」

険しい表情をした義母がカレーを下げようとしたその時

「許してあげます。弘法にも筆の誤り、孔子の倒れ、釈迦にも経の読み違い、上手の手から水が漏れる、念者の不念、猿も木から落ちる、竜馬の躓き、千慮の一失。愚者にも一得の語源は『史記　淮陰侯伝《わいいんこうでん》』、これは対義語。河童の川流れを上司や目上の人に使うのは失礼。弘法にも筆の誤りを使います…」と空が抑揚なく話し始めると、もう笑ってくれる人は誰もいなかった。

先日の小学校の授業参観でもそうだった。

授業では、自分の名前にどんな思いが込められているか親に聞いて、発表するというテーマだった。

特に問題もなく、全員の発表が終わったところで

「先生の名前の由来は何ですか？」

空が手を挙げて質問した。

担任の先生は『林田鉄也』という名前だった。

「良い質問だね。先生は『鉄也』という名前だけど、みんなは先生の名前にはどんな意味が込められていると思う？」

先生は、黒板に「鉄也」と大きく書いた。

多くの子ども達が挙手をし、「強い人になってもらいたいから」「鉄みたいな人になってもらいたいから」と、全員が鉄のような強い人になってもらいたいというようなことを発表していた。

最後に、空が指された。

「鉄は金を失うと書きます。也は、断定の意味があるので、金を失う人になって欲しいという意味が込められています」と言った。

先生は一瞬顔を曇らせ、教室内の空気も張りつめていたが

「いやぁ〜、だから先生は貧乏なんだな。まいったな」と言って、先生が頭をかいた。

クラスの子の一人が「ビンボー先生」と明るく言ったので、みんながドッと笑い、場が和んだように見えた。

しかし、再度、空が挙手し

「也には、反語の意味もあります。金を失う人になるだろうか？　いや、ならないという意味になりますので、反語として名づけしたと思います。新日鐵住金《しんにってつじゅうきん》は、金を失うという鉄の字を嫌い、旧字体の鐵《てつ》の字を今でも使っています。也の一文字には、具体的な意味はなく、文章の末尾に添えて使われます。也の成り立ちは象形文字で、諸説ありますが、ヘビの形を元に作られたと言われています。のちに、草書体が平仮名の『や』に、草書体の省略形がカタカナの『ヤ』になりま

した…」と長々と話し始め、クラスの空気がしらけ出したところで、チャイムが鳴り、授業が終わった。

先生はホッとしたような表情をしていたが、それは優子も夫も同じだった。

休み時間になり、教室を出ようとした時に、何人かの男子が空の周りに集まって、「ビンボー空くん」と呼んでいたように優子には思えたが、それを確認する勇気もなく、すぐさまその場を立ち去った。

「空、学校でも浮いてたね…」

「小学校は、な。でも、私立中に行けば空みたいな奴ばっかりみたいだよ。塾では問題ないんだし、私立に行けば、大丈夫だよ」

夫は言い聞かせるように言った。

「まあね…」

「空君のお母様の携帯電話でよろしかったでしょうか？」

授業参観の数日後、塾の先生から電話がかかって来た。

「実は、空君が塾で、他のお友達に手を出してしまいまして…」

「えっ⁉　手を出すって？」

「顔を叩いちゃったんですよ。いわゆるビンタってやつですか。空君はやり返したと言っていたので、こちらも防犯カメラで確認してみたところ、相手の子が先に空君の手の辺りを叩いているようでもありましたが。二人とも特にケガなどはないのですが、まあ、やっぱり顔はあんまりよろしくないと言うか、なんと言いますか…」

「申し訳ございませんでした。すみません、どうしてそういうことになったのでしょうか？」

「どうも、相手の子がふざけて、1＋1＝11と言ったらしく…。そしたら空君が『1＋1＝11ではなく、2です』と訂正したみたいで。今度は別の子が空君のノートに、『1＋1＝11』と書いたそうです。それを空君が消そうとするうちに、そのうちノートの取り合いになったようです。そうこうするうちに、手を出すようなことに発展してしまったみたいです。理由は本当に些細と言いますか、なんと言いますか…。こちらも、休み時間のこととはいえ、しっかり監督できずに申し訳ございませんでした」

「いや、こちらこそ、本当に、申し訳ございませんでした。その、手を出されてしまったお子さんの連絡先を教えていただけますか？　謝罪しようと思いますので」

「いや、塾で起きたことですので、責任はこちらにありますので大丈夫です。今は、個人情報の兼ね合いもありますので、双方にお名前や連絡先をお伝えすることは一切していないんです。先方にもこちらからすでに連絡しておりますので大丈夫です。空君が帰られましたら、今後はこういうことが起こらないように、ご家庭の方でもしっかりお話ししていただければと思いますので、よろしくお願いいたします」

塾でもうまくやれないなら、私立に行ってもダメなんじゃないかな…。

もう、どうしたらいいの？　優子は長い溜息をついた。

小学5年生／受験で気をつけること

解説
Explanation

ギフテッドとは？

ギフテッドとは、ＩＱが１３０以上の人のことです。ＩＱは１００が平均で、一般的なＩＱは、90～１１０とされています。ＩＱが１３０以上の出現率は約2％で、50人に1人の割合でギフテッドは出現します。つまり、1クラスに1人程度はギフテッドが存在するということです。このように、実は、**ギフテッドはあまり特異なケースではない**のです。

クラスに1人の出現率であるギフテッドですが、現在の日本では、まだギフテッドのお子さんのための教育を取り入れている学校はほとんどありません。

２０１７年より、東京都の渋谷区では、「特別な才能が認められるが、学級不適応等が見られる小学3年生から中学3年生までの子どもたち」と要件を満たしたお子さんはギフテッドプログラムを受けることができるようになりました。しかし、そういった自治体は非常に稀です。実際には、ギフテッドのお子さんは『**浮きこぼれ**』ともいわれ、集団生活において、適応しにくいという現状があります。子どもは公立中学校に合わない、中学受験をさせた方がよいと考える親御さんも少なくないようです。

ショートストーリーでは、空君が塾でお友達とトラブルになるシーンが描かれていましたが、トラブルの多くは休み時間に発生します。そのため、お友達のトラブルが気になる場合は、塾は勉強するところと割り切り、ＳＡＰＩＸのような**休み時間がない塾を選ぶのも対処法の1つ**です。

文部科学省は、この現状を重く受け止め、日本においてもギフテッド教育を導入することを目指して、「特定分野に特異な才能のある児童生徒に対する学校における指導・支援の在り方等に関する有識者会議」を開催しています。しかし、海外と比べると、日本のギフテッド教育は、まだまだ不十分な取り組みとなっています。

ギフテッドのお子さんは、非常に高い知能を持っていますが、それは、どの中学を受験しても受かるということを意味しているわけではありません。

全ての科目の全ての分野に秀でているお子さんはギフテッドの中でも多くありません。文部科学省の会議の名称にもありますが、ギフテッドのお子さんは、「特定分野に特異な才能のある児童生徒」であることがほとんどです。ジェネラリストではなく、スペシャリストなのです。

つまり、ギフテッドのお子さんの多くは、能力の凸凹が激しいので、算数は得意だけど、国語は苦手、社会の中でも歴史は得意だけど、地理は苦手といったように、非常に、科目間バランスが悪いお子さんが多いのです。

今は、入試の形態も多様化したので、算数1科目入試などもありますが、一般的には、まだ4科目または2科目型の入試がほとんどです。そういったことから、ギフテッドであっても、たやすく難関校の合格を手に入れられるわけではないのです。

ギフテッドのお子さんが、中学受験をする際に気をつけること

ギフテッドのお子さんに限らず、全てのお子さんに共通して言える非常に大切なこととなりますが、お子さんの特性や得手不得手を踏まえて、お子さんが自分らしく過ごせる学校を見付けてあげましょう。

中学受験生の中には、ギフテッドや何かしらの診断を受けていなくても、得意科目と不得意科目の差があるお子さんや、味覚や嗅覚、触覚などの感覚に過敏さがあり、何か特定の分野に興味・関心を強く抱いているお子さんもいるかと思います。

たとえば国語の場合、抽象度が高い文章の理解が苦手であるなら、詩があまり出題されない学校、味覚が過敏であるなら給食がない学校、触覚が過敏であるなら制服がない学校、プログラミ

ングに興味があるなら、それに力を入れている学校を選ぶと良いでしょう。

お子さんの興味・関心や能力、特性などに合わせて、お子さんが中学・高校で、自分らしく学びや活動を行うことができるような学校選びをしていきましょう。

また、発達特性が強いお子さんは、校則があまりない自由な校風が合っていると思われる方もいるかもしれませんが、必ずしもそうではありません。ある程度のルールが明確な方が過ごしやすいお子さんも中にはいます。合う・合わないは非常に個人差が大きいので、一般的な評判だけでなく、なにか気になることがある場合は、**事前に、学校説明会などで、個別に直接学校に確認することをおススメします**。

合理的配慮

2024年4月1日から「合理的配慮」が義務化されました。

「合理的配慮」というのは、障害の有無に関わらず、教育や就業、その他の社会生活において、人々が平等に参加できるよう、障害の特性や困りごとに合わせて行われる配慮のことです。

とても堅苦しい感じがしますが、受験にも関係があります。たとえば、視力が良くないお子さんの場合に席を前にしてもらう、そばアレルギーがあるお子さんの場合にそばを除去してもらうように学校に**申し出る**ということはあるかと思います。それと同様に、お子さんの特性や困りごとについて、個別の対応をお願いするということが「合理的配慮」です。

ここでポイントなのが、「**申し出があれば**」というところです。どういう時に、どういう配慮をしてもらいたいのかを伝えないといけないのですが、どこまで申し出るのかが悩ましいかと思います。あまり色々申し出て、モンスターペアレンツと思われても嫌だなという気持ちもあるでしょうし、かといって、ある程度は申し出ないと伝わらないし…。

そこで合理的配慮を考える時に、ポイントとなるのが平等と公平です。

平等と公平の違いは分かりますか？　平等と公平は同じようで、実際には大きく異なります。

平等を表したのが、図1（STEP1）です。ブロック塀があって、外が見えない場合、みんなに同じ高さの踏み台を1つずつ提供することを「平等」と言います。背が高くて踏み台が必要ない人にも、標準的な身長の人にも、身長が低くて1つの踏み台ではまだ足りない人にも、みんなに1つずつ踏み台を提供することが「平等」ということです。

これに対して、図2（STEP2）の**公平**は、その人に不足している分の踏み台を提供するというものです。踏み台が必要ない人、1段必要な人、2段必要な人と、その人にあった数だけ踏み台を提供することが「公平」です。

大人にも子どもにも、誰に対してもパンを1つ配るのが「平等」。大人は2つ、子どもは1つというように、ニーズに合わせた量を提供するのが「公平」ということです。

合理的配慮について、どこまでが適切な申し出で、どこからが過剰な申し出になるかの線引きが難しいという意見もよく聞きます。ケースバイケースでもありますので、線引きは難しいのですが、たとえば、図2（STEP2）で、背の高い人が「自分は座って外を見たいから、椅子を用意してくれ」というのは適切ではなく、過剰な申し出です。つまり、そのままでは外が見えな

図1　STEP1　平等

図2　STEP2　公平

図3　STEP3　環境改善

いから踏み台の使用を認めて欲しいというのが適切な申し出で、外は見えるけど、もっと快適に見たいから椅子を用意してというのは過剰な申し出となります。

また、公平を発展させたものが図3（STEP3）です。そもそもブロック塀を金網フェンスにすれば、踏み台を使わなくても、背が高い人も低い人も景色が見やすくなりますよね。これを**環境改善**といいます。このように、発達特性がある人もない人も、男性も女性も、下級生も上級生も誰もが過ごしやすくなれるように配慮されている学校があると良いですよね。

お子さんに何か配慮してもらいたいことがあっても、志望校に「合理的配慮」を尋ねることは、マイナスな情報を与えてしまうのではないかと考えて、事前に確認しないという方もいらっしゃるかもしれません。しかし、中学・高校とお子さんが6年間という長い時間を過ごす場所になりますので、しっかりと事前に確認された方が後悔のない志望校選びにつながることと思います。

POINT

・ギフテッドは特異なケースではない。
・ギフテッドの多くはジェネラリストでなくスペシャリスト。
・志望校に「合理的配慮」を尋ねるのはマイナスではない。

Q&A
Question & Answer

小学5年生までの保護者様のお悩みQ&A

Q3 ひょっとしてわが子は発達障害?

(小5男子のお母様)

教科ごとの凸凹が激しく、算数は偏差値68、国語は偏差値34といった感じで、いつも2倍くらいの開きがあります。診断は受けていませんが、発達障害なのではないかとひそかに思っています。そういう特性がある子にとって中学受験というのはどうなのでしょうか?

A3 お子さんの個性を活かす教育方針の学校があります。

ギフテッド教育に力を入れている翔和学園や自閉症教育に力を入れている武蔵野東学園、不登校特例校の星槎中学校など、発達障害に理解がある私立中学校はいくつかあります。また、対外的に周知していなくても、発達特性があるお子さんを積極的に受け入れている学校もあります。

発達特性があるお子さんへの配慮については、私立中学校に限らず、国公立の中学校でも行われています。ただ、学校によって対応は異なりますので、何か気になることがある場合は、学校説明会などで個別に事前に学校に問い合わせてみることをおススメします。

また、算数68・国語34というように凸凹が大きい場合には、算数1科目入試などを利用し、物語文が得意なら物語文しか出ない学校を選ぶなど、**特性に合わせて、強みを活かした志望校選びをすると良い**と思います。

Q4 娘が学校の宿題を全然やろうとしません。（小5女子のお母様）

私が「宿題は？」と言うと、「知らない」「学校でやった」「眠い」など、理由をつけて、一切学校の宿題をやろうとしません。塾の宿題はやるのですが、学校の宿題は、始めたと思っても、途中で寝たり、全然違うことを始めたりして、終わるまでに異常に時間がかかります。どれくらい時間がかかるかというと、1時間経っても、漢字のドリルが1ページも進んでいないという状況です。信じられないのですが、外面はいいらしく、学校や塾では、「授業態度は真面目で、とてもしっかりしています」と言われます。

どうしたら学校の宿題をやるようになるのでしょうか？

A4 環境を変える工夫や仮眠の活用を！

学校の宿題はすぐに終わらせてもらいたいですよね。

学校の宿題を全然やろうとしないのは、娘さんにとって、漢字の書き取りなどの学校の宿題が「作業」になっているので、気が進まないことが原因かもしれません。外面が良いとのことですので、**気が進まない宿題は、図書館やカフェなど他人の目があるところでやる**とはかどるタイプかもしれません。

また、日中に眠いのであれば、20分程度の仮眠をとることをおススメします。「昼寝の効果は、夜の睡眠の3倍にあたる」とも言われていますので、**20分の仮眠は夜の1時間分の睡眠の効果が期待できます**。仮眠をとることで、疲労回復のみならず、記憶力や集中力も向上します。親御さんも、日中疲れたら、仮眠をとってみてください。実際に寝なくても、目を閉じて横になる、椅子に座ってテーブルに伏せるだけでも疲労が軽減されますよ。

Q5 息子がすぐに物に当たるので困っています。（小5男子のお母様）

息子は家で勉強をしていて分からない問題があると、イライラして、鉛筆でノートの紙が破れるほど強い力で殴り書きをしたり、リモコンを投げたりします。

先日は、小1の弟に問題を出しては、「お前なんかこんな問題も解けないバカだ」などと言って泣かせていました。あまりにもひどいので、私が「そんなんだったら中学受験なんかしなくていい」と怒ったら、息子は「うるせー。中学受験はするんだよ!!」と言って逆切れし、泣きながら椅子を投げたり、私のことを叩いてきたりしました。

最近は常にイライラしていて、些細なことで切れやすく、切れると椅子やリモコンを投げるなどすぐに物に当たります。学校や塾など外では、そういうことは無いようですが、息子がイライラすると、こちらもイライラしてしまい、受験本番までメンタルが持ちそうにありません。息子のイライラの対処法を教えてください。

A5 発散系メン活がおすすめ！　声掛けの際に注意すること。

息子さんがイライラしていると、お母様もイライラしますよね。

この時期のお子さんは第二次性徴の時期でもあるので、**ホルモンの分泌により、心身の状態が不安定になりがち**です。そのため、些細なことで過度に反応し、切れやすくなっています。

メン活には、動的と静的、発散系と癒し系があります。（詳しくは第7章222ページ）

この時期のお子さんは、エネルギーが有り余っている場合もあります。新聞をビリビリにしたり、お風呂の中で水鉄砲（霧吹きでも）で遊んだりするなど、動的な発散系のメン活を取り入れると良いと思います。

また、「それなら、中学受験なんかやめなさい」という声掛けについて、発破をかけるという意味合いで散見されるのですが、あまりおススメしません。もちろん本当に中学受験をやめさせたいのであれば構わないのですが、**中学受験をするかしないかということはとても大事なことなので、何かの取引として使うことはあまり好ましくありません。**

切れるというのは一種のパニック状態で、息子さんは分からない問題があり、それだけ困っているということです。

それを理解してあげた上で、親御さんも一緒に解説を見てみたり、先生に質問してみることを提案したりと、「分からなくても、色々な解決方法があるから大丈夫だよ」という前向きな声掛けをしてあげましょう。息子さんのメンタルが安定し、ひいてはお母様のメンタルの安定にも繋がります。

Q6 娘がやる気になる方法はありますか？

（小5女子のお母様）

テストが終わった瞬間は「次のテストは絶対頑張る！」と言って、やる気満々で翌日からの学習計画も立てるのですが、三日坊主どころか、翌日になると、「めんどくさい」「やること（学校の宿題など）が沢山あるからムリ」などと言って、ダラダラと過ごし、結局、計画は実行されないということの繰り返しです。

どうやったら娘はやる気になるのでしょうか？

A6 やる気になる方法はあります！ 計画を立てるタイミングに注意。

娘さんがやる気になる方法はありますよ。

「次のテストは絶対頑張る!」と言って、計画を立てている時は、やる気が出始めている時です。今は、そのやる気が出始めている貴重な時間に予定表を立てていて、それで達成感を得て終わりになっています。これは非常にもったいないです。まずは、これを改善していきましょう。

「次のテストは絶対頑張る!」と言っている時は、翌日からの計画を立てるのではなく、テストの解き直しなど、何でも良いので、何かしらの勉強に着手しましょう。やる気がある時には、勉強に着手をし、勉強に飽きてきたら、計画を立てるように変えてみてください。

また、やる気がある時に計画を立てると、キツキツの計画を立てがちです(お腹が空いている時に買い物すると沢山食材を買ってしまうのと同じです)。キツキツの計画は計画倒れにも繋がりやすいので、**計画を立てる時はあまりやる気がない時**の方が、余裕がある計画を立てられて、かえって実行しやすいものです。

メン活
Mental Training

親子でメン活❷
良質な睡眠で、心身をリフレッシュ！

睡眠の重要性

睡眠は、1日の4分の1から3分の1程度と非常に長い時間を占めています。睡眠不足に陥ると、心身の調子を崩す、ミスが増える、体力や気力がなくなるといった弊害が見受けられるようになります。

お子さんの睡眠時間はどのくらいですか？

睡眠時間は個人差があるので、一概に何時間がベストということはいえませんが、National Sleep Foundation in USAによりますと、6～13歳の学童期の**限界最短睡眠時間は7～8時間**、**望ましい睡眠時間は9～11時間**です。

また、学研教育総合研究所の「小学生の日常生活・学習に関する調査」（2023年10月）によりますと、小学1年生から6年生の平均起床時間は6時38分、就寝時間は21時36分で、実際の小学生の睡眠時間は約9時間とのことです。

学童期（6～13歳）の限界最短睡眠時間が7時間～8時間ですが、小学生の中には、こちらを切っているお子さんもいらっしゃるかもしれませんね。

「レム睡眠」と「ノンレム睡眠」という言葉を聞いたことはありますか。人の睡眠は、脳や身体の状態の違いから、「レム睡眠」と「ノンレム睡眠」の2種類に分けられます。

「レム睡眠」は、Rapid Eye Movement（急速眼球運動）の頭文字をとって「**レム（REM）睡眠**」と呼ばれています。この時、身体は休息している状態ですが、脳（思考したり、計算したりする大脳皮質）は起きている状態と同じ動きをしていて、記憶の整理や定着を行っています。

一方、「ノンレム睡眠」の時には、身体と同様、脳も休息をしています。この時に、日中に起こった「いやな記憶」を消す働きがありますので、しっかり睡眠をとることは、なによりのメンタルケアにもなっているのです。

また、1回目のノンレム睡眠の時には、成長ホルモンが最も分泌されています。成長ホルモンは身体面の成長だけでなく、免疫力も向上させてくれます。

つまり、**「レム睡眠」で身体の疲れを回復し、「ノンレム睡眠」で脳と心の疲れを回復し、さらに身体的成長や免疫力を促進させている**のです。

一般的に、「レム睡眠」と「ノンレム睡眠」は90分周期で1晩に5～6回繰り返し、次第に「ノンレム睡眠」が短くなっていきます。睡眠時間が短いと、身体の疲れは回復しますが、脳や心の疲れは残ったままになります。

受験生にとって、良質な睡眠をとることがとても大切ということが分かりましたね。

早起き早寝で受験を制す！

入試直前期には、朝型にリセットするご家庭も多いかと思われますが、その際に最も有効なのが**「早起き早寝」**です。「早寝早起き」の間違いでは？と思われた方も多いかと思いますが、「早起き早寝」で間違いないです。

みなさんは、早く寝ようと思ったのに、なかなか眠れなかったという経験はありませんか？　朝型にする

「ノンレム」と「レム」の繰り返し

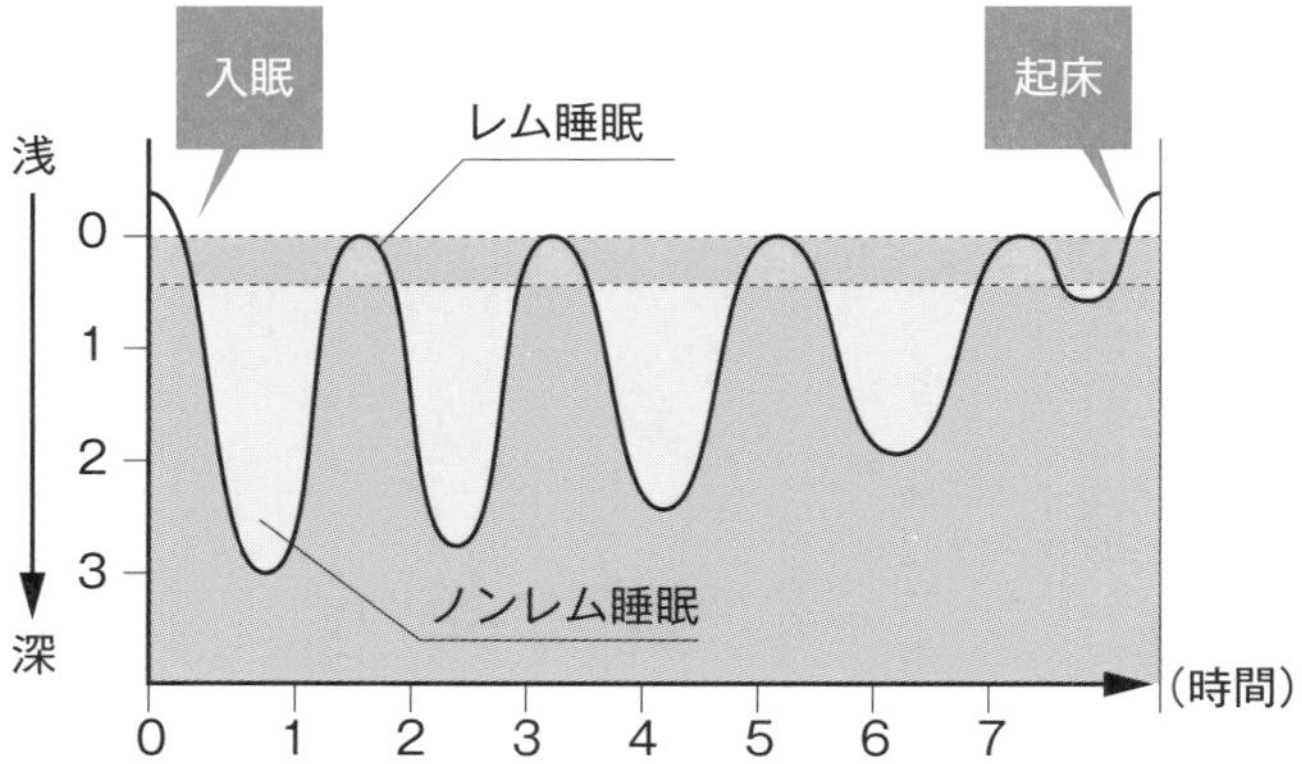

際に、いきなり「早寝」から始めようと思っても、眠くないので、入眠に繋がりにくいのです。

そのため、生活リズムを整える際には、「早寝」からではなく、**「早起き」から始める**ことが成功のカギです。どんなに眠くても、早く起きると、その日の夜は、早寝がしやすくなりますよ。

また、早く寝るには、寝る直前の90分の過ごし方も非常に大事です。

❶スマートフォンやPCを見ない
❷カフェインを摂らない
❸お風呂に入って、身体を温める
❹軽いストレッチをする　などなど

※お布団の中で行うストレッチについては、この後紹介いたします。

生活リズムは習慣でもあります。同じ睡眠時間であっても、日によって起きる時間がマチマチですと、時差ボケ状態に陥ります。できたら平日も休日も、毎日同じ時間に起きて、同じ時間に寝ることを心掛けて、体内時計も調整してみてください。

ヨガインストラクター　Mihoのコラム 1

メンズ活ストレッチ❶　〜布団の中で〜

日頃の溜まった疲れや体の凝りを寝る前にほぐして、爽快な明日を迎えましょう♪

❶ **まずは布団やベッドの上で仰向けに。**

❷ **両膝を胸の上で抱え、ゆっくりと左右にゆらゆら動きます。**（イラスト①）

❸ **真ん中に戻ってきたら左足は抱えたまま、右足のみをゆっくりと下ろします。**

左足をギュッと自分のほうに近づけて深呼吸を数回繰り返します。

これにより、お腹の張りを軽くし溜まったガスを出しやすくします。（イラスト②）

❹ **抱えた左足を右手で持ち、そのまま自分の右側にパタンと倒します。**

左右の腕は大きく広げます。（スペースが無ければ出来る範囲でOK）（イラスト③）

❺ **左足を倒したまま、深呼吸を数回繰り返します。**

背中側の凝りをほぐし、お腹の調子を整え、体の緊張をほぐす効果があります。

❻ **反対の足も同様に行います。**

終わったら仰向けに戻り、手足を解いて力を抜いて、おやすみなさい。

イラスト①

イラスト②

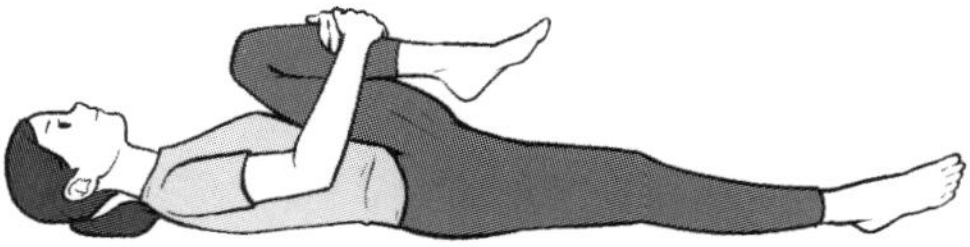

イラスト③

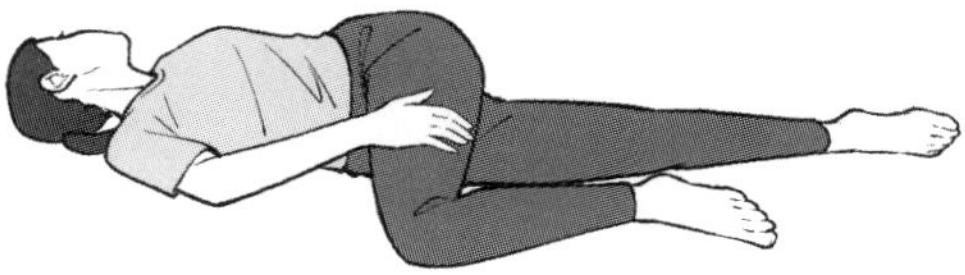

必勝
合格

Mental Care

第3章

小学6年生の春

ショートストーリー
Short Stories

塾弁

あらすじ 沙羅は新小6になり、受験に専念するために、幼稚園から続けていたダンススクールを辞めた。スクールでは仲良しの亜美と莉々花と3人組で名前の一文字ずつを取った『あさり』というユニットを組んでいたが、それも続けられなくなり……。

沙羅が久しぶりに、SNSを見てみると莉々花のフォロワーが1000人を超えていた。

でも、そんなことよりも驚いたのは、亜美と莉々花が「あり」というコンビ名で、ダンスをしていて、その動画を沢山アップしていたことだ。

あたし抜きの2人でダンスをするなんて、信じられない…

グループ通話をしてみたら、最初に莉々花が出て、その後すぐに亜美が出た。

「SNS見たけど、なんで2人でダンスしてるの？　ひどくない？」

「ごめん、沙羅は受験するから、塾だと思って…」

「別に、受験でダンススクールは辞めたけど、ダンスするくらいの時間はあるよ。それに、ありって、あさりの『さ』を取った名前でしょ？　それって、ひどくない？」

「だったら、沙羅も明日の放課後、一緒にダンスしようよ！」

「明日かぁ…」

明日は塾がある日だ。

二人に誘われて沙羅はとまどった。

小6になって自分なりに頑張っているけど、他の子も同じように頑張っているみたいで、全然成績が上がらない。上がらないどころか下がる方が多く、なかなか偏差値50が取れなくなってきている。

たまに何のためにダンススクールを辞めたのか分からなくなる時がある。

「沙羅って、かわいそうだね。受験するから、ダンスも好きなこともやれないいんだもんね…」

「えっ!?　なんで？　全然かわいそうじゃないって。っていうか、別に、塾は行っても行かなくても大丈夫なんだ。だから、明日は、あたしも一緒にダンスするわ」

「大丈夫なの？」

「全然ＯＫ‼」

あたしは『かわいそう』なんかじゃない‼

沙羅は塾のバッグからテキストを取り出すと、代わりにシューズとウェアを詰め込んだ。

翌日は3人で一緒にマックでご飯を食べて、ダンスの動画を撮った。亜美が移動を間違えて、沙羅のお尻とポンとぶつかったから3人で大笑いした。

「これ、リールにあげていい？」

「それ、ヤバいって」

「事故、事故」

久しぶりに沙羅は心から楽しめた。

やっぱり、ダンスって最高‼

「何これ…」

次の日、莉々花のSNSを見たら亜美とぶつかった動画はアップされていなかった。それどころか、よく見ると3人でダンスをしていた時の動画はアップされていたものの、うまい具合に沙羅のところだけがカットされていた。

ひどい‼　わざわざ塾もさぼったのに…。

すぐにグループ通話をする。何回目かのコールの後、やっと2人が出た。

自分だけがダンスの動画でカットされていることを伝えると

「言っていいよね？」と莉々花は亜美に確認をして、説明を始めた。

「沙羅には悪いんだけど…。今度の児童館でのダンスの発表会で、私と亜美の2人でユニットを組むことになったの。それで、ちょうどその動画を先生に見せることになってたから、沙羅のところカットしちゃったの。ホント、ごめん」

「そう、なんだ…。あたし、ダンススクールは辞めちゃったけどさ、でも、だからって、カットするのって…」

沙羅は力なく通話を切った。

仕方ないよね…。

受験するから、塾があるから…。

(沙羅の元気があんまりないみたいだけど、大丈夫かしら…)

母親の麗子はため息をついた。

沙羅はこのところすごく頑張っている。我が子ながら少し心配になるくらい勉強している。

だから、疲れているのかな?

今は春期講習期間なので、午前中は塾の自習室、お昼休憩を挟んで、午後2時から8時まで講習で、その間に夕食の休憩も挟む形になっている。そのため、お昼のお弁当は朝に作って沙羅に持たせる。夜の講習の合間に食べるお弁当は腐ってしまうといけないので、麗子は毎日、夕方に塾に届けることとなった。それは大変ではあるが、むしろ喜びの方が大きかった。

でも沙羅らしさがなくなってきているような気がする…。

本当に中学受験をさせて良かったのだろうか?

沙羅のお友達は中学受験をしない。沙羅も高校受験で良かったのではないだろうか?

麗子は迷いを振り払うように、沙羅が大好きなからあげを揚げて、塾弁に詰めた。

頑張った春期講習の模試の結果は、偏差値42という過去最悪の出来だった。

最悪…。

なんで? 信じられない。毎日、自習室にも行ったのに、毎回の小テストも良かったのに…。

こんなんだったら、勉強しないでダンスしてればよかった。勉強したって意味ないじゃん‼

やっぱり莉々花達が言うように、受験するのも、塾に行くのもかわいそうなことなんだ。

「ママはあたしのこと、かわいそうって思わないの？」

「なに？　急に」

「あたし、受験やめる。もう、塾にも行かないから」

沙羅は、そう言い捨てて、家を出ようとした。

「お弁当は？」

「塾行かないんだから、いるわけないでしょっ」

「何時に帰って来るの？」

返事はなく、代わりにバタンとドアを閉める大きな音がした。

（私は、沙羅にかわいそうなことをさせてるの？）


沙羅は、それ以来、毎日学校が終わってから、塾には行かず、莉々花と亜美と遊ぶようになった。３人でダンスしたり、雑誌を見たり、一緒に宿題をしたり、お菓子を食べたり…。

最初は楽しかったけど、なぜだか、だんだんつまらなくなってきた。

「今日は、どこで遊ぶ？」

放課後、沙羅が２人に声を掛けると

「ゴメン。来月に児童館でダンスの発表会があるって言ったじゃん。今日は、その通し練習をみんなですることになったから、ムリなんだ」

「そうなんだ…」

「あっ、沙羅も別に見に来てもいいよ」

「だっ、大丈夫、大丈夫。あたしも実は、塾友に塾に来てって、しつこく言われたんだ…」

「なんだ。それなら、良かった」

「早く言ってよ」

「ごめん、ごめん」


その日は、家に一旦帰った後に、コンビニで時間をつぶしていた。

(今頃、社会の確認テストやってる頃かな?)

SNSを見ても、全然楽しくなかった。

コンビニのからあげを初めて買って食べてみた。

(からあげ、マズっ。そういえば、ママのからあげ、ずっと食べてないな…)

家に帰ると、ご飯のいい匂いがした。

「おかえり。今日も莉々花ちゃん達と遊んでたの?」

「べつに…」

「沙羅、ご飯は?　食べるでしょ?」

「いらない」

「なんか食べたの?　じゃあ、このお弁当はママが食べちゃっていい?」

ママは、受験やめるって言ってからも、いつも塾弁を作ってくれている。

沙羅は布団にもぐって泣いた。

(ママ、私はどうしたら良いの?)

トントン
ノックの音がした。

「沙羅、入ってもいい?」

「塾弁なら、いらないから」

「塾弁じゃないの。沙羅に、ちょっと、見てもらいたいものがあるんだよね」

麗子がパンフレットを沙羅に手渡した。

「何これ？　星山女子学院？」

「そう。ママあれから色々調べたんだけど、星山って、すごいダンスが強いんだって。高校生ダンスコンテストで優勝したこともあるし、元ＡＢＢのピカリンも星山出身なんだよ。ピカリンって知ってる？」

「ピカリンって、大学、早稲田に行った人でしょっ？　知ってる、知ってる」

「そう、そう。沙羅も星山に行って、ダンスやったら？」

（えっ!?）

「星山に行って、６年間思いっきりダンスやりなよ」

星山女子学院のパンフレットには、ダンス部のお姉さん達のキラキラした笑顔が掲載されていた。

今までは、テストの点数のことばかり考えていたけど、頑張ったら、あたしもこの星山のお姉さん達みたいに、笑顔でまたダンスやれるのかな？

そういえば、ダンスの先生にも、「沙羅ちゃんがダンスをしている時の顔って、キラキラ輝いていて、とっても素敵なんだよね」って、いつも言われてたんだった。

それって、もしかしたら、こんな表情だったのかな？

「ママ、星山でダンスやりなよって言うけどさあ、あたしなんかが、星山に受かるのかな？」

「星山は、偏差値45だから、あとちょっと頑張れば大丈夫だよ」

「えっ⁉ ママ、あたし頑張るよ。それで、絶対に星山でダンスやる。あたしは、かわいそうなんかじゃないからっ‼」

久しぶりに、沙羅の笑顔を見た。

グゥ～

「えぇ～‼ 今の音なに？ もしかして、沙羅のお腹の音？」

「ガチで、違うから。でも、久しぶりにママの塾弁食べたくなっちゃった。からあげ入ってる？」

「もちろん、入ってるよ」

私も、沙羅のやりたいことができるように、応援しよう‼

久しぶりに沙羅の明るい表情を見て、麗子は自分の涙が沙羅にばれないように微笑んだ。

解説 Explanation

小学6年生／受験で気をつけること

受験を辞める

中学受験を辞めるという選択肢があがることは、お子さんの方からも、親御さんの方からも多々あるかと思います。その際に重要なのは、なぜ辞めるという気持ちになったのかということです。言い換えると、辞めて何をしたいのかということです。

沙羅ちゃんは、ダンスをしたいから受験を辞めたいという気持ちになりました。中学受験は高校受験とは違い、しなくても地元の公立中学に行くことができます。そのため受験をしないという選択をするご家庭も多いです。ショートストーリーの沙羅ちゃんのように、周りのお友達が中学受験しない場合、小学生ですと、中学受験のメリットが見出しにくく、目先の楽しいことに流されることも多々あります。モチベーション管理も親御さんのサポートが必要な場合もあります。

受験を取るか、別のやりたいことを取るかの2択を迫られる場面はよくあるかと思いますが、中学受験をしなかったとしても、基本的には高校受験はすることになります。そのことをしっかり共有した上で、どちらかを選んで、どちらかを辞めるというのではなく、やりたいことができるような学校選びをしてあげると良いかと思います。

個性を判断する多重知能理論

学校選びの際に参考とする指標の1つに、ハーバード大学の教授ハワード・ガードナー氏による「多重知能（Multiple Intelligences＝ＭＩ）理論」があげられます。この理論は、人間は誰しも複数（現在は8つ）の知能を持っていて、人によって、ある知能が高かったり、低かったりして、それが個性に繋がっているというものです。

お子さんはどのタイプだったでしょうか？　お子さんのやりたいことや強みが活かせる学校を見付け

●多重知能理論によるタイプ

言語・語学知能	読書や作文、討論が好きなタイプ
論理・数学的知能	物事の法則や実験、算数が好きなタイプ
視覚・空間的知能	絵を描くことや設計をすること、空想をすることが好きなタイプ
博物的知能	地理や気象、動植物が好きなタイプ
音楽・リズム的知能	歌唱や楽器の演奏、音楽を聴くことが好きなタイプ
身体・運動感覚知能	指先を使う細かい作業や運動をすることが好きなタイプ
対人的知能	人とおしゃべりしたり、グループ活動することが好きなタイプ
内省的知能	自分の好きなことをとことん突きつめるタイプ

ていきたいですね。
※時間があったら、お母様やお父様もやってみると面白いですよ。

教育虐待

中学受験をしないお子さんやママ友などから「中学受験をさせるなんてかわいそう」と言われたという声を耳にします。果たして、中学受験はかわいそうなことなのでしょうか？

「教育虐待」という言葉が最近よく使われていますが、これは、2011年に日本子ども虐待防止学会で報告された言葉です。同学会は、教育虐待を「子どもの受忍限度を超えて勉強させること」としています。また、近年では、勉強だけでなく楽器やスポーツなどの習い事を含む教育全般のことを指すようにもなってきています。

「教育虐待」が起きる要因は2つあると言われています。

1つ目が、**中学受験の過熱化**です。第1章の解説（24ページ）でも書きましたが、少子化にもかかわらず、2024年の首都圏の私立・国立中学受験者数は52，400名と前年から微減ですが、受験率は過去最高の18・12％となっています。子どもの数が減っていることと、少しでも良い学校に入れたいという思いから、1人の子どもに過度な期待やお金を掛けることで、教育虐待につながっているとも言われています。

もう1つは、**高偏差値の大学に入れば安泰という時代ではなくなった**ことがあげられます。そのため、何がお子さんの将来のためになるのか分からないという不安から、勉強以外にも、早期から、英語やスポーツ、楽器、プログラミングなどの習い事に通わせ、お子さんに求めることが増えたということも背景にあると言われています。

「教育虐待」を行ってしまった親御さんは、虐待をしようと思ってやっていたのではなく「我が子の将来のために」と、良かれと思ってやっていたというケースがほとんどです。「教育虐待」は決して他人事ではなく、『我が子の幸せを願っている』どのご家庭にも起こり得るということを心の片隅に留めておいていただきたいのです。

「子どもの受忍限度を超える」というのは、**やりすぎるということ**です。「教育虐待」にならないようにするには、**時間で切ること**がポイントです。何ページまで、理解できるまで、ミスがなくなるまでという区切り方をすると時間が長くなりやすいです。長時間にわたって勉強や練習をしていると、疲弊し、集中力や記憶力を欠いてしまいます。そのことがミスを誘発するという悪循環に陥りやすくなります。**長時間勉強するよりも、適切な時間で区切り、しっかり睡眠をとる**

ことで記憶が定着し、食事や休憩を入れることで集中力も高まります。つまり、**睡眠や食事、休憩も勉強の1つ**なのです。このことをしっかり意識して取り入れることで、「教育虐待」は防げます。

育児をしていて、「子どもに少し言い過ぎてしまった」「夫婦で意見が分かれて口論になった」なんて経験ありませんか？

「プロの心理士さんだから育児も中学受験も上手にやっていそう」と言われることもあるのですが、私は、そんなことは決してありませんでした。子どもの幸せを願うあまり、子どもやパートナーに高い理想を求め、それに応じてもらえずキツイことを言ったりして、後で自己嫌悪に陥るということがよくありました。

上の子が小6のある日、仕事のお昼休みに先輩の臨床心理士に「何度言っても、子どもが学校の夏休みの宿題をやろうとしなくて」と軽く愚痴を言ったら、「真田さんは、一生懸命に育児しているから、これあげるね」と言って、チョコレートをくれたことがありました。軽い気持ちで愚痴を言っていたのですが、チョコを口に入れた途端に、涙が止まらなくなり、自分でも驚いたという経験があります。

一生懸命になりすぎると、お子さんやパートナーはもちろんのこと、自分の受忍限度を超えていることにも気付きにくくなります。それが「教育虐待」につながってしまうと言われていますので、自分が「少し疲れたな」「イライラしているな」と感じていたら、好きな「メン活」を取り入れて、まずは一息つきましょう。

また、**自分では受忍限度を超えていることには気付きにくい**ので、パートナーやお子さんが、「少し一生懸命になりすぎている」「頑張りすぎている」と感じたら、是非、「メン活」に誘ってあげて、一緒に行っていただけたらと思います。

POINT

・お子さんが受験を辞めたいと言ったら、この先高校受験が避けられないこと、お子さんの「好き」を実現する学校などについて話し合ってみましょう。
・受忍限度（がまんの限界）を超えた勉強をさせすぎないこと。食事や休憩も、受験のうち。

小学6年生までの保護者様のお悩みQ&A

Q7 子どもが自主的に勉強に取り組むようになるには？（小6女子のお母様）

塾の宿題や勉強をしていないので、「早く宿題やりなさい」と言うと、「今やろうと思ったのに、ママが勉強やりなさいって言ったからやる気をなくした」と言い、全くやろうとしません。そうかといって、何も言わないでいるとずっとやらないままです。

勉強しない→「勉強しなさい」と言う→「ママのせいでやる気なくした」と言って勉強しない…ということがエンドレスで続きます。

どうしたら子どもが自主的に勉強に取り組むようになるでしょうか？

A7 お子さんの自己決定権を大事にしましょう！

この時期は、反抗期もあいまって難しいお年頃ですよね。そんなお年頃のお子さんへの対応のコツがあります。

心理的リアクタンスといって「勉強しなさい」と言われると「勉強しない」という選択肢を奪われたと脳が認識し、その奪われた選択肢を回復しようとします。それで、「ヤダ！　勉強しない‼」という反応が反射的に出てきてしまいます。

1980年にアメリカで「カリギュラ」という映画が公開されました。しかし、あまりにも内容が過激だったために、一部の地域で公開中止になりました。ところが、公開中止になったことで、かえって人々の映画を観たい欲求が高まってしまったのです。それ以来、他者から何かを禁止されると、逆に要求が高まることを心理的リアクタンスの一種として「カリギュラ効果」と呼ぶようになりました。

このように、**「やりなさい」と言うと「やらない」と反発されてしまうので、何をやるか、どこでやるか、いつやるかなど、やるかやらないかではなく、やる方向での自己決定権をお子さんに与えてあげるようにすると非常に有効**です。

たとえば、「何時から始める？」というように、本人に時間を決めさせる。また、「どこでやる？」という場所についても、自分の部屋やリビングなど以外にも、家ではダラダラしてしまうのであれば、塾の自習室、図書館、カフェでやるというように、選択肢に家以外の場所を入れてみても良いかと思います。

Q8 中学受験するメリットは何でしょうか?（小6女子のお父様）

私は地方出身で中高と公立の学校に進学し、大学は地元の国立に進学しました。今は、東京に住んでいます。娘は中学受験のために小4から通塾しています。娘の学校の成績は、小1からほとんどオール5ですが、塾での成績は中の上といったところです。

娘は、学校の成績が良いので、内申書がある高校受験の方が向いているのではと思い、中学受験ではなく高校受験を提案したら、妻と娘からは猛反対されてしまいました。

中学を受験するメリットは何なのでしょうか?

A8 切れ目のない6年間を過ごすことができる。

中学受験も高校受験もどちらにもメリット・デメリットがありますので、どちらが良いということは一概には言えません。

私立中学と公立中学の一番の違いは、高校受験による切れ目があるかないかだと思います。私立中学の多くは、高校受験をする必要がないので、中学1年から高校3年までの6年という長い期間を切れ目なく過ごすことができます。また、私立は、学校の理念や教育方針が異なり、授業や部活動、課外活動などの取り組みに特色があります。したがって、中学高校の6年間という長い期間を留学したり、スポーツに打ち込んだり、楽器を極めたりと、**自分の強みを活かすために、自由にカスタマイズしやすいというメリット**が私立中学にはあります。

また、私立中学には、男女別学の学校があるということも公立中学との大きな違いです。異性がいない方がのびのびと自分らしく過ごせるというお子さんにとっては、その点は大きなメリットです。今の時代にお子さんが6年間別学で過ごすことに抵抗がある親御さんもいらっしゃるかと思いますが、そうした環境を求める方にはいい選択肢でしょう。

中学がある私立の学校では、高校からは生徒の募集をしなかったり、募集をしていても人数が少なかったりするところもありますが、一方で、中学が設けられていない高校もあります。

高校受験は中学での内申書を必要とする場合が多く、その点で、お父様は高校受験の方が娘さんに合っているのではないかと考えられているようですね。**実は私立中学校でも調査書や報告書、**

通知表のコピーを提出する学校もあります（点数に換算される学校もあれば、提出はされるものの加味しないという学校もあります）。

受験を始めた頃とは、志望校や考え方が変わってきていることもあるかもしれません。再度、中学受験のメリットとデメリットを共有したうえで、どこを受験するのか、どのような受験の仕方をするのかを親子で話し合ってみると良いかもしれませんね。

Q9 塾のお弁当づくりで悩んでいます。（小6男子のお母様）

私はフルタイムではないのですが、週に3、4日不定期に働いています。月に数回は、帰りが20時くらいになることもある勤務形態です。今まで塾弁（塾のお弁当）については、基本的に、塾に行く際にお弁当を作って持たせる、それに間に合わない時は、作って塾に届けるという形を取っていて、どうしても作れない時だけ、コンビニで買ってもらっていました。

しかし、新小6の春期講習から、午前中は塾の自習室に行き、午後から春期講習に行くことになったので、お昼と夜の2つのお弁当が必要になりました。

最初は、朝に2つのお弁当を持たせていたのですが、一度、1つの方のお弁当がほとんど残っていたので、子どもに聞いてみたところ、「変な匂いがしたから途中から食べるのをやめた」と言われました。一応、保冷材も入れていたのですが、傷んでしまったのかもしれません。それ以降は、お昼のお弁当だけを持たせて、夜の分は私が夕方に作って届けるか、コンビニで買ってもらうかしています。夕方に届けるのは負担なのですが、成長期の受験生に毎回コンビニのお弁当もどうかと思って頑張って作っています。ただ、今後、夏期講習にも2つお弁当を作るのかと思うと、正直げんなりしてしまいました。

他の共働きのご家庭は、塾のお弁当はどうされているのでしょうか？

A9 持続可能な「塾弁」のあり方を模索しましょう！

塾弁は、ご家庭によっては負担が大きいですよね。そもそも、塾弁を必要としないからこの塾に決めたというようなご家庭もあるくらいです。

仕事から一旦家に帰って、急いでお弁当を作って塾に届けた、塾の前に駐車場がないので少し遠いスーパーに車を停めて届けたなど、塾弁にまつわる大変なエピソードはよく耳にします。

一度、通われている教室に相談されてみてはいかがでしょうか？　教室によっては、希望者には、お弁当を注文できるように対応してくれたというケースもあります。思い切って、先生に相談してみたら、先生の方からも「我々も一緒にお弁当を注文できるようになって助かっています」と逆に感謝されたという方もいたそうです。

ただ、どうしても難しい場合は、無理をしないで、**たまにはコンビニエンスストアなどを活用するのも有り**かと思います。

Q10 妻が教育ママで困っています。（小6男子のお父様）

息子には神奈川県の御三家の1つに通ってもらいたいと考えていますが、少し届かない位置にいます。また、小1から剣道を習っていて、現在も続けています。小6とはいえ、まだ春ですので、本番まで1年近くあり、今の立ち位置は参考程度にしか見ていません。いざとなれば、剣道の分のバッファがあるので時間が作れると考えていますが、妻は息子の成績が下がると、「こんなんじゃ、○○中に受からないけど、どうするのよ！」と叱責したり、長時間勉強を強要したりしています。息子も最近は「○○中なんか受けてやらないから！」と言うようになり、勉強にも剣道にも、何事にもやる気がなくなってしまいました。どうしたらやる気がアップしますか？

A10 「やりたいことを100個書く方法」が効果的！

お母様は一生懸命なあまり、少し熱心になりすぎているんですね。それを見ているお父様も疲れてしまいますよね。息子さんも期待にこたえようと頑張りすぎて、少し心が疲れてしまい、何に対しても意欲的でなくなっているのかもしれませんね。

「○○中なんか受けてやらないから！」という息子さんの発言から、今は、○○中が息子さんの志望校として捉えられていないようですね。息子さんはどちらの学校に行きたいのでしょうか？息子さんの気持ちを確認してみて、もし別に行きたい学校があるのであれば、そちらを検討してみても良いかもしれません。特に、行きたい学校もなく、今は、何事にもやる気がないのであれば、**何か意欲的に取り組めることを見つけるところから始めてみましょう。**

まずは、「やりたいことを100個書く方法」が有効です。コンビニスイーツを食べるでも、ハワイに行くでも、今すぐ出来ることでも、非現実的なことでも何でも構わないので、やりたいことを100個書いてみてください。100個も書くとなると色々とひねり出さないといけないので、100個の中には、**中学受験につなげられそうな項目もいくつか含まれてくるはず**です。それをうまく取り入れることで勉強のモチベーションもアップしていくと思います。「やりたいことを100個書く方法」は、息子さんだけでなく、是非、お母様もお父様も家族全員で取り組んでいただけたらと思います。

また、今の時期は、「〇〇中合格」という目標を掲げても、お子さんにとっては実感がわきにくく、勉強が自分の事になりにくい場合もあります。ゴールが目の前に見えた方が頑張れるお子さんには、「次は算数で計算ミスをゼロにしよう」「漢字を全問正解にしよう」といった目先のことに目を向けさせるとやる気がアップすると思います。是非、試してみてください。

メン活
Mental Training

親子でメン活③ 受験に勝つ「食事」

「衣食住」という言葉があるように、「食事」はとても大事です。特に成長期のお子さんにとっては心身を育む基礎となるだけでなく、脳の働きにも大きな影響を与えます。

脳の働きを活性化させ、集中力を高める栄養素は主に3つあります。

❶ブドウ糖

ブドウ糖は脳の唯一のエネルギー源と考えられています。欠如しますと、集中力が低下したりやる気が出なくなったりします。勉強していると甘いものが食べたくなるのはこのためです。ブドウ糖は、ラムネや果物、パン類などに含まれています。

❷鉄分

集中力を高めるには、脳に十分な酸素が行き渡ることも重要です。鉄分が不足すると、体内に酸素を運ぶ血液の量が減り、脳も酸素不足になり、集中力が低下してしまいます。

鉄分は、赤身の肉や魚、ホウレン草などに含まれていますが、ゴボウやイモ類、キノコ類などの非水溶性の食物繊維と一緒に摂ると吸収率が下がるともいわれていますので注意は必要です。

❸ＤＨＡ（ドコサヘキサエン酸）

ＤＨＡは子どもの脳の発達に関わり、記憶力や集中力を高めることが知られています。受験生にとって必須な栄養素ですが、体内で作り出すことができないため、食事から摂る必要があります。

ＤＨＡは、サバやイワシなどの青魚や豚肉などに含まれていますが、気を付けないといけないのが調理法です。お刺身などの生を１００％とすると、煮たり焼いたりすると約80％になり、揚げ物では半減してしまいます。

食事は1日に3回もあります。せっかくなので、栄養素のみを考えるのではなく、食べ比べをするなどして、食事そのものをメン活にしちゃいましょう。

❶ブドウ糖を含む食品

❸DHAを含む食品

❷鉄分を含む食品

～受験生におススメのメン活おやつ5選～

❶チョコレート

チョコレートの原料であるカカオ豆に含まれる「カカオポリフェノール」には、脳の神経細胞の成長に関わり、学習能力や記憶力、認知機能を高める効果があるといわれています。ストレス軽減の効果があるＧＡＢＡ（ギャバ）入りや腸内環境を整えるオリゴ糖入りのものもあります。

❷ガムやグミ

噛むという動作は、脳の働きを活性化させてくれます。

❸バナナ

バナナには3種類の糖質が含まれていて、それぞれ吸収する時間が異なるため、脳の活性化する時間が持続します。

●受験生におすすめのメン活おやつ

❹アーモンド小魚

集中力を高める効果があるナッツ類と、カロリーが少なく「頭がよくなる栄養素」DHAやEPAを含む小魚のコラボで、さらに、どちらも噛み応えがありますので、噛むことによる脳の活性化も期待できます。小魚が苦手な場合は、アーモンドだけでもOKです。

❺ココア

ココアに含まれる「フラバノール」というポリフェノールの一種の成分には、脳の血流を活発にし、集中力を高める役割があります。また、ココアにも覚醒効果はありますが、コーヒーやエナジードリンクよりも効き目が緩やかなので、過覚醒による不眠も起きにくいというメリットもあります。さらに、豆乳には脳の細胞を活性化させる「レシチン」が豊富に含まれていて、牛乳よりも低カロリーですので、ココアに豆乳を入れると一石二鳥（三鳥？）です。ダイエットをしている親御さんにもおススメですよ。

※試験当日に持って行くおやつも良かったら右記を参考にしてみてください。

ヨガインストラクター Mihoのコラム 2

メン活ストレッチ2 ～椅子に座って～

長時間椅子に座って勉強していると、次第に集中力も欠けてしまいます。縮こまってしまった体をほぐしていきましょう♪

❶ **椅子には浅めに腰掛けます。**
両足は広めに開いて膝の下にかかとがくるようにします。

❷ **両方の手の指を胸の前で絡めて**（イラスト①）、**ゆっくり息を吐きながら前に出していきます。**
同時に、大きなボールを抱えているイメージで背中を丸くします。
最後は頭をだらんと下に向けて、首の後ろも緩ませ、息を吐き切ります。

❸ **吸う息に変わったら、今度はゆっくりとその手を胸に近づけます。**
腰のあたりから上半身も少しずつ起こしていき、頭は上に上に伸ばしていきます。
たっぷり息を吸うことがポイントです。

❹ 吸い切ったらゆっくりと息を吐いて、また手を前に伸ばし、背中を丸くします。
（イラスト②）
自分の呼吸と共に数回繰り返します。

❺ 最後は息を吸いながら体を起こし、手をほどきながらゆっくりと息を吐きます。

イラスト①

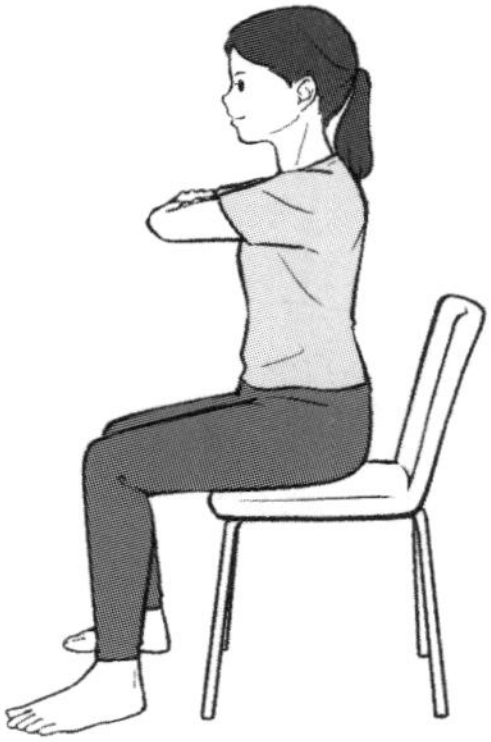

イラスト②

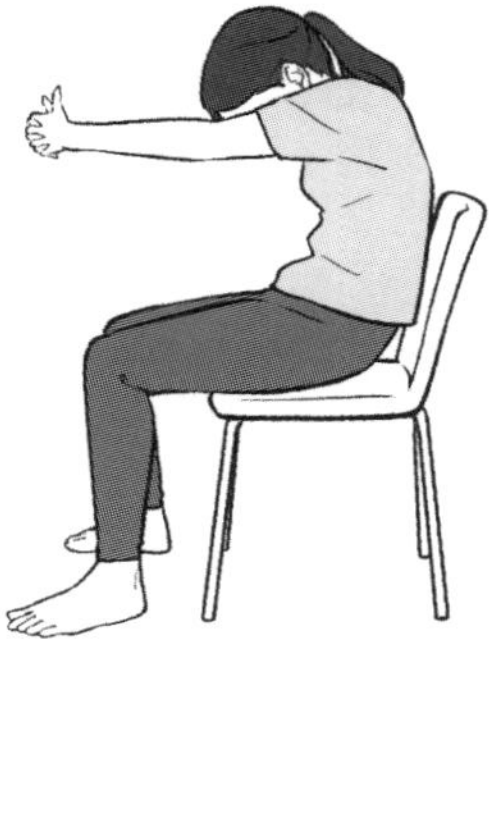

Mental Care

第4章

小学6年生の夏

ショートストーリー
Short Stories

ポニーテール

あらすじ　小学6年生の葵《あおい》は、御三家の受験を考えていて、小1から大手進学塾に通っている。小学3年まではずっと最上位クラスにいたのだが、通塾生が急増した小4からは、クラスが下がることも増え出した。母の友美は、なんとしても夏期講習は最上位クラスで受けてもらいたいと思っていたがその矢先に……。

友美が、娘の葵の部屋におやつを持って行くと、いつもの光景が目に入った。

「葵、また髪の毛引っ張ってるわよ。いいかげん、やめなさい。いつか、ハゲるわよ」

「ハゲるわけないいじゃん」

葵は軽く聞き流す。

「えっ⁉　ちょっと待って、ちゃんと見せて」

友美の目に、一瞬、葵の後頭部にある円形の地肌が映った。

「もう、なに？　さっきからうざいな…」

葵の髪の毛を掻き分けてみると、見間違いではなかった。

ふたりで慌てて洗面所に行き、三面鏡で一緒に確認してみると、500円玉位の大きさで、髪の毛が生えていない所が右耳の近くに1箇所あった。

円形脱毛ができていたのだ。


「ちょっと見せてね。うん…。はい、はい、ありがとう。えっと、抜毛症と脱毛症だね。右に大きいのが1つと、小さいのが2つあるね」

近所の皮膚科医が、葵に向かって軽い口調で話す。

「えっ⁉ 1つじゃないんですか？」

「うん。ほら見てみてよ。ここと、ここ。ここもだね」と言って、医者が葵に鏡を渡す。

「本当だ。こんなに…。先生、治りますか？」

葵が心配そうに質問する。

「何か心当たりあるかな？」

「先生、葵は受験生なんですけど…」友美が答えると
「アハハ、きっとストレスはそれだな。今6年だっけ？ まだ本番まで1年近くもあるんだから、

勉強は、ほどほどにね。薬がなくなっても生えてこなかったら、また来てください」

「薬塗っても生えてこないこともあるんですか?」

「まあね…。個人差があるから、何とも言えないけど…。そしたらまた来てね。はい」

医者は特に深刻そうな様子もなく答えた。


先生は、本番まで1年近くもあるって言ったけど、実際にはあと半年程度しかない。

小6の夏は中学受験生にとって、一番大切な時期。

それなのにほどほどにって…。

家に帰ってからも医者の軽い口調を思い出して、友美の心はざわついた。

そんな軽いものじゃないのに。


すがるような思いでネットを検索した友美の目にある文字が飛び込んだ。

(『ヘアー＊ハピネス』……?)

元気のない葵に話しかけた。

「ねえ、明日は土曜日だから塾は休みにして美容院に行ってみない?」

「えぇ…」

「ママ、ちょっと白髪が目立ってきたから、髪型変えてイメチェンしようと思って。一人だと心細いから、葵も付き合ってよ」


(思い切って来ちゃったけど…)

私のイメチェンに付き合って、ということで葵を連れてきたのは、こじんまりした白い建物。

『ヘアー＊ハピネス』とかわいらしい看板がかかっている。

そこは円形脱毛症や抜毛症の人のための美容院で、臨床心理士もいる。

ドアを開けると落ち着いたラベンダーの香りが鼻をくすぐる。


「まずは、何かお飲み物を選んでくださいね」

30代くらいの女性の臨床心理士さんがメニュー表を持って、友美達のテーブルにやってきた。

「どれにしよう…」

「いっぱいあって悩んじゃうよね?」

葵はやっぱり元気がない。

「人気があるのは、ほうじ茶ラテとカモミールティーだけど、このピスタチオラテもオススメだよ」

「じゃあ、オススメのピスタチオラテで…」

「お母様はどうされます?」

「私もいいんですか?」

「もちろんですよ」

「じゃあ、カモミールティーをお願いします」

(ホームページには、最初に臨床心理士のカウンセリングがあるって書いてあったけど…ずいぶんリラックスした感じなのね。なんだかカフェみたい)

「早速だけど、葵ちゃんの好きなことって何かな?」

「えっ!?」

「じゃあ、楽しいなって思う時って、何をしている時かな?」

「それは…」

「急に聞かれると困っちゃうよね。そうだ! お母様にも聞いてみようかな?」

「えっ!? 私ですか? 楽しいって思う時ですか? えぇ…。なんでしょう…」

（昔、テニスが趣味だったけど、葵を妊娠してからテニスなんてやってないし…。私の好きなことって、一体なんだろう？　特に思い浮かばないけど、何か答えないと…）

「お母様も、急に聞かれると答えにくいですよね。じゃあ、おふたりに宿題です。1日に10分。10分はどうしても難しかったら、おまけして、2、3分でもいいので、自分の好きなことをする時間を作ってください。美味しいお菓子を食べるでも、好きな音楽を聴くでも何でも良いですよ」

好きなことをする時間ね…。

「ストレスはゼロにはできません。暑いのも寒いのもストレスですし、急に雨が降るのもストレスですよね？　ストレスは溜まってもいいんですよ。ストレスって、毎日どんどん溜まっていっちゃうんですけど、いっぱいになったら捨てればいいだけなので、実は、そんなに厄介者じゃないんですよ」

（溜まったら、捨てるか…）

しばらくすると、甘い匂いとともに飲み物が運ばれてきた。

「葵ちゃん、このチョコはGABAっていうのが入ってるから、食べるとホッコリするんだよ」

「ピスタチオラテ…。すごいおいしいです」

「でしょっ！　私もこの間初めて飲んだんだけど、美味しくてハマっちゃったんだ‼」

「カモミールティーも美味しいです」

「ねえ、ママのカモミールティーってどんな味？　ちょっと飲ませて」

「そう、そういう飲み比べって、すごく良いんですよ」

「そうなんですね。じゃあ、葵のピスタチオラテもちょっと飲ませて」

「いいよ」

「葵ちゃん、どっちが美味しかった？」

「ピスタチオラテです」

「そうだよね。やっぱりピスタチオラテだよね？」

さっきまで固く握りしめていた葵の手が緩んできている。

「葵ちゃんチョコ食べないの？　もしかして、チョコ苦手だった？」

「いいえ、大好きなんですけど…。これ食べないで持って帰ってもいいですか？」

「いいけど、何で？」

「来週、組み分けテストだから、その前にこのチョコ食べたいなって思って」

「テスト前に食べるの、すごくいいね。でも、テスト用のチョコはお土産に渡すよ。だから、このチョコ、ピスタチオラテにすごい合うから、今、食べてみてよ」

臨床心理士さんが優しく葵を見つめる。

「先生…。私、あのう、ハゲが3つもあって、恥ずかしくて…」

「それは、葵ちゃんとママが一生懸命頑張ってる証拠なんだ。だから、全然恥ずかしいことじゃないんだよ」

（えっ⁉）

思わず、私は葵と目を合わせた。

「うん、ちっとも恥ずかしくないよ。受験まで、あと半年くらいあるんだよね？ 抜毛や脱毛は、頑張ってる証拠だけど、ちょっと頑張り過ぎちゃってるから、息抜きしてよという体からの合図なんだよ。だから、楽しいことしたり、おいしいものを食べたり飲んだりして、最初に言った宿題やってたら、自然に治っちゃうよ。今日は勉強頑張ったとか、ちょっとムカついたことがあったと思ったら、その分、私の方の宿題を多めにやってね。さっきみたいに、どっちが美味しいか食べ比べたり、飲み比べたりするのもおススメだよ」

臨床心理士さんは柔らかく微笑んだ。

「髪の毛を引っ張ると、それが痛気持ち良かったりするんですよ。葵ちゃんはそれがクセになっちゃってるんですよね。それをなくしていくには、無意識を意識化すると良いんです。なんだか難しそうに聞こえるかもしれないけど、大丈夫。

クセってみんな何かしらあるじゃないですか？　私は足を組むクセがあるんですよ。気付かないうちに、無意識に足を組んでしまう。それで、足を組むクセを減らしたいな、やめたいなと思って、足を組むと気付けるように、足と足の間にタオルを挟んでみたんです。足を組む時にタオルが落ちるから、あっ今、足を組もうとしていたと気付けるようになったんです。これが無意識を意識化するということです。これをやってからは、足を組むのが激減しました。葵ちゃんだったら、帽子をかぶるとか、バンダナを巻くといった方法がありますよ」

「なるほど…」

「でも、人に見られちゃうのは嫌だよね？　そしたら、髪型を変えて見えなくする方法もあるよ」

「本当ですか⁉」

「葵ちゃんは髪が長いから、アップにすると円形の所が隠れるし、髪の毛を引っ張りにくくなるし、その上、可愛い。ポニーテールとか、ハーフアップとか、お団子とか…。葵ちゃんは、どんな髪型にしたい？」

今の葵に似合う髪型…。

「ポニーテール!!」

「ポニーテールがいいんじゃない?」

葵と友美が同時に言ったので、三人で大笑いした。

こんなに笑っている葵を見たのはいつ以来だろう…。

迷ったけど、勇気を出して、ここに来て本当に良かった。

「もう、笑いすぎて、ママ、涙が出て来ちゃったじゃない…」

小学6年生の夏／受験で気をつけること

身体化

ストレスや悩みなどの心の問題が身体の症状として現れることを身体化といいます。ショートストーリーで葵ちゃんは、円形脱毛症という形で身体に現れました。身体化は子どもだけではなく、大人にも起こります。ストレスなどの**心の問題は、身体以外にも、心理面や行動面に現れる**こともあります。

❶身体面

・腹痛　・頭痛　・腰痛　・不眠　・円形脱毛症　・皮膚炎　・肩こり

❷心理面

・疲労感　・イライラ　・緊張感　・不安感　・無気力　・自信喪失　・焦燥感

❸行動面

・暴言暴力　・注意力散漫　・ゲーム依存　・暴飲暴食　・ミスの増加　・判断力の低下

この様な症状が現れた場合は、「どうせ受験のストレスだろう」と決めつけないで、まずは病院に行きましょう。たとえば、腹痛の原因は食当たりによるものだったというように、身体化の原因がどこにあるかを診断してもらうことが大切です。そこで、身体化の症状がストレスなどのメンタル面によって生じていると言われた場合には、身体の症状の治療に加えてメンタル面のケアも必要となってきます。

なぜ、ストレスといった心の問題が身体の症状に現れるのでしょうか。それは**自律神経**と深い関係があります。

自律神経には、**交感神経**と**副交感神経**があり、意思とは無関係に働いています。

交感神経は車でいうとアクセルの働きをしていて、心拍数や血圧などを上昇させます。反対に、副交感神経はブレーキの働きをしていて、心拍数や血圧などを低下させます。

自律神経が通常に働いている場合、交感神経は日中に活発

理想的な自律神経のリズム

（図）

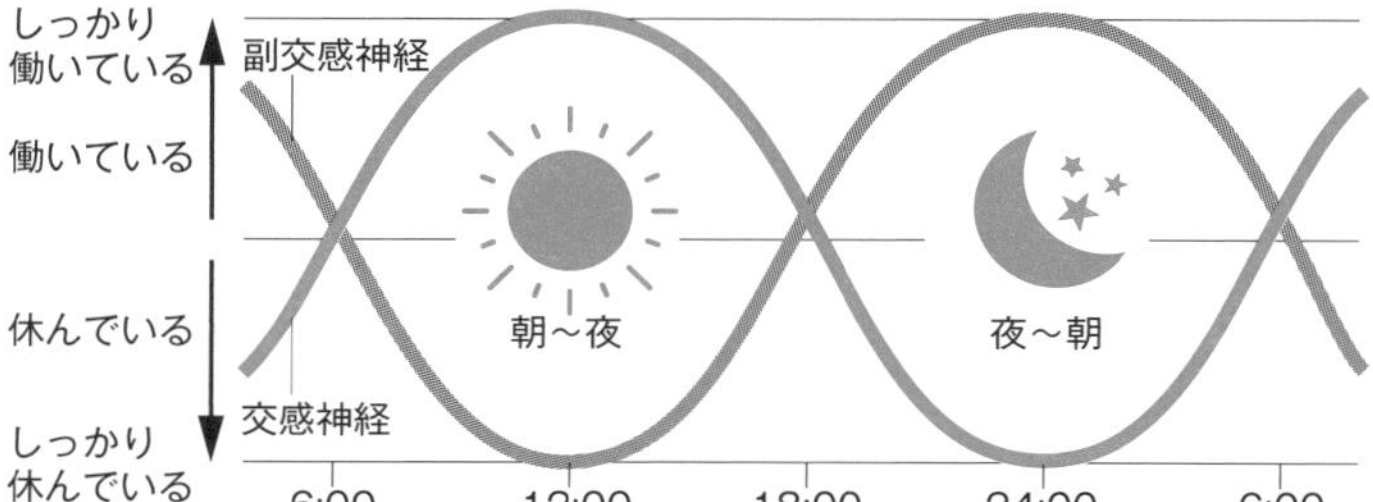

交感神経と副交感神経が１日の中でメリハリよく働いている状態が、健康的な毎日を送る条件です。

に働き、副交感神経は夜に活発になります。

つまり、**自律神経が整っていると、朝になると目が覚めて、日中は活動的になり、夜になると眠くなるというリズムが自然に作られ**ます。

しかし、自律神経が乱れると、体は疲れているのに、布団に入っても寝られない、寝ても夜中に目が覚めてしまう、朝起きられない、日中にボーっとする、ミスが目立つといった状態に陥ります。ストレスを受けると、自律神経のうち、交感神経が活発になり、バランスが崩れることが原因です。

では、ストレスを受けなければ良いのではないかと思うかもしれません。ストレスとは、外部からの刺激（ストレッサー）への反応のことです。外部からの刺激（ストレッサー）には、天候や騒音などの環境的要因、病気や寝不足などの身体的要因、悩みやプレッシャーなどの心理社会的要因があります。つまり、**ストレスを完全に受けない、というのはとても難しい**ことなのです。

人には誰でも「癖」があります。たとえば、いつも右足から靴を履くなど、誰でも一つや二つは癖があるかと思います。癖は、習慣になっているものや緊張や不安を和らげるために無意識に行っているものなどがあります。

誰でも癖はあるものの、葵ちゃんの抜毛のような癖は、できたらなくしていきたいものです。

しかし、無意識下で行っているものをなくすというのはなかなか難しいです。そういう場合には、なくしたい癖を他の癖に変えることがおススメです。たとえば、ゴムバンド法というものがあります。これは腕に輪ゴムを付けて、髪の毛を抜く代わりに、輪ゴムを引っ張るというものです。パチンとはじく刺激が、髪の毛を抜く際の痛気持ち良い刺激にも似ているので、比較的スムーズに移行していきます。

癖もストレス同様、ゼロにするのは難しいので、このように、別の癖に変えるなどして、上手に付き合っていけるとよいですね。

※輪ゴムは皮膚に痕が残るほど強く引っ張るのではなく、心地よい刺激が得られる程度に軽く引っ張ります。

POINT

・受験のストレスは自律神経の乱れとして身体の症状に現れることがある。
・ストレスを受けないことは難しい。身体化したときのクセは、別のものに置き換える。

小学6年生の夏までの保護者様のお悩みQ&A

Q11 子どもが気持ちの切り替えが下手で困っています。（小6男子のお母様）

日々の生活の中でも、着ようと思っていた服が洗濯されていて無かった、傘を持たずに学校に行ったら雨が降ってしまったというように、思い通りにならないことが起こるとイライラしたり、気持ちが崩れたりし、それがいつまでも続いてしまいます。

これは試験中でも同様で、組み分けテストなどの重要な試験の際も、何回解いても計算が合わないと、試験の途中でやる気をなくしてしまいます。その後は一切問題を解かず、残りの教科の答案は白紙で出すということがありました。当然一番下までクラス落ちをしてしまいました。どんなに勉強を頑張っても、これが入試本番で起きたらと思うと恐ろしくてたまりません。

うまく、気持ちが切り替わる方法を教えてもらいたいです。

A11 心の避難訓練をしておきましょう！

気持ちが崩れるのを未然に防ぐことは難しいかもしれませんが、気持ちが崩れた時にすぐに切り替えられれば大きな問題にはなりません。

誰でも転ぶことはあるので、転ばないようにするのではなく、転んでもなるべく早くに立ち上がることができるようにしていきましょう。

気持ちを切り替えるには五感を変えることが有効と言われています。詳しくは、この後のメン活（157ページ）を参照してもらえたらと思いますが、五感の中でも、**場所を移動して見ている景色（視覚）を変える**、**何かを口にして味覚を変える**などはとても良い切り替え方法です。しかし、試験中に行うことは難しいかと思いますので、ここでは、試験中でも出来るメン活をいくつか紹介していきます。こちらを参考に、お子さんに合っているメン活を見付けてもらえたらと思います。

ヒジや耳たぶを軽くつねる、消しゴムに鉛筆を刺す、消しゴムの紙を破る、足を伸ばす、上履きを踏む、目をギュッとつむる、好きな香りのハンドクリームやリップクリームを塗る、マスクに好きな香りをスプレーする、深呼吸をする、「ＯＫ」やニコちゃんマークを紙に書く、推しと会っているところを妄想するなど…これなら、数十秒でリセットすることが可能です。**切り替えタイムは60秒と決めて**、延長しない。時間になったら、再び試験に着手するということを意識してみてください。

また、天災でパニックになるのは想定外だからであり、地震が来たらどうするかと予め決めておくと、慌てないで済みますよね。それと同様で、何かあったら、こういうことやああいうことをしようと、予めいくつか決めておく**「心の避難訓練」**をしておくことが大切です。

また、休み時間には、トイレに行く、お茶やアメを口にする、手を洗うことなどもできるので、休み時間も有効活用すると良いですよ。

行きの電車の中でのリセット方法、試験中のリセット方法、休み時間のリセット方法といったように、いつ、どこで、何が起きても臨機応変に対応できる様に、どんな方法が有効か一緒に考えてみてください。

リセット方法がお守りになりますので、「これをすれば大丈夫だよ」というメン活を一緒に予め決めておいてください。

Q12 子どもの試験の結果に、親が一喜一憂してしまいます。（小6女子のお母様）

模試や毎週の復習テストの結果に対して、子どもより自分の方が一喜一憂してしまいます。

これらのテストは、得意分野の把握や、苦手分野の洗い出しや復習として上手に利用すればいいというのは頭では分かっているのですが、結果の数字を見て、出来なかったこと、理解していなかったことに対して、「なんでこんな問題もできないの？」と娘に言ってしまいます。

また、他の子がクラスアップしたと聞くと、「○○ちゃんはクラスが上がったんだって」「あなたは下がっちゃって、悔しくないの？」などと言ってしまい、その後、娘を傷つけてしまい申し訳ない、私は受験生の母親の資格がないのではないかと思っては、落ち込んでしまう日々です。

このままでは、受験本番まで私のメンタルが持たなそうです。どうやったら、他人と比べず、一喜一憂しないでいられますか？

A12 横での比較ではなく、縦での比較を。

どうしても、一喜一憂してしまいますよね。私も一喜一憂してばかりいました。

一喜一憂の原因は、サポートする人（親）と結果を出す人（子）が異なっていることだとも言われています。つまり、自分の頑張りがテストの結果に比例していないことからストレスになってしまうのです。

また、そもそも偏差値というものが他人との比較から算出する数値であるので、他人と比べないということはなかなか難しいものがありますよね。

私はこういう仕事をしているので、「他の子と比べることなんてしないですよね？」と言われることもありますが、とんでもないです。お恥ずかしい話ですが、他の子と比べては一喜一憂していました。それは、中学受験の時に限らず、もっと小さい赤ちゃんの時からそうでした。発達心理の勉強もしてきたので、個人差があることも分かってはいるのですが、それでも「もしや言葉が遅れている？」「〇〇ちゃんは、もうお箸が使えるんだ」などと思っては、急にお箸を持たせてみて、持てなくて焦ったり、不安から、きついことを言って自己嫌悪に陥る毎日でした。このままではまずいなと思い、どうにかするために意識したことが、**横での比較ではなく、縦での比較**でした。横での比較というのは、同年代の子と比較をすることです。縦での比較は、自分の子の過去や未来と比較することです。以前よりも成長できているか、今後はどうなってもらいたいかの縦の比較を意識するようにしたところ、落ち着いて関われるようになりました。

親御さんは、体調や所持品、スケジュール管理などの環境調整を主に行っているかと思います。まずは**お子さんが試験に忘れ物をしないで、体調を崩さず、遅刻もしないで行くことが出来たら、その時点で、親の任務はきちんと果たした**ことになります。任務をきちんと果たすことができたら、どうか自分で自分を褒めてあげてください。ねぎらってください。自分にご褒美をプレゼントしても良いですし、ご夫婦でお互いにねぎらったら、さらに効果的だと思います。これをすることで、一喜一憂することが減って、精神衛生上とても楽になるかと思います。

また、苦手分野の洗い出しに活用すると書かれてありましたが、おっしゃる通りです。入試は、全ての範囲から出題される訳ではないですし、満点を取らなくても合格できます。どうしても習得しにくい分野があるのなら、苦手分野がほとんど出題されない学校を志望するのも有りだと思います。このように、失点も有効活用して、本番に活かしていきましょう！

Q13 遠距離通学はやめた方がいい？（小6男子のお父様）

息子は幼稚園からスポーツに取り組んでいます。受験する学校もそのスポーツが強い学校を考えています。息子が所属する地元チームのコーチが今年度から私立A中に外部スタッフとして携わることになり、A中に来ないかと誘われました。偏差値的にはちょうど良いのですが、我が家からは遠く、自宅から片道1時間半以上かかります。

息子は体力的には通えると思いますが、あまりに長い通学時間はもったいない気もしています。息子は時間を有効に活用できるタイプではないので、毎日、通学に往復3時間以上も費やすのはどうかと悩んでいます。また、将来、大学受験に向けて塾に通うようになると、なおさら、遠距離通学は厳しいのではと考えています。

通学時間は片道何時間くらいまでが限度なのでしょうか?

A13 通学時間の限界値は、一般的には90分!

私立中学の平均通学時間は60分程度、限界値は90分と言われています。しかし、同じ60分でも、乗り換えの有無や混雑具合によっても疲労度や通学時間の使い方は違ってくるかと思います。片道90分以上でも、乗り換え無しで、ずっと座れるのであれば、負担はかなり軽減され、通学時間の有効活用もしやすいかと思います。

また、登校時間も学校によってまちまちなので、そこもチェックすると良いです。ミッション系の学校は朝に礼拝を行う学校もありますし、朝学習といって1時間目より前に自習時間を設けている学校もあります。また、**夏と冬では登校時間が異なる学校**もありますので、その辺りも事前に確認されると良いかと思います。

さらに、放課後の通塾については、自宅と学校の間に塾がある場合は、定期券も使えて合理的ですので、動線を考えて塾選びをされると良いでしょう。特定のクラブチームや塾など、**既に通う場所が決まっている場合は、それも踏まえて、志望校選びをする**と良いかと思います。

メン活
Mental Training

親子でメン活④
呼吸を整えてストレスとうまく付き合う

誰にでも癖があると先ほど書きましたが、いつもカバンを左肩にかける、電話をかける時には右耳にあてると言うように、人には何かしらの癖があります。毎日何千、何万回と行っている呼吸や歩行、姿勢、考え方などにも癖があり、それが積み重なることで、心身に歪みが生じてしまう人もいます。そこで、今回は、心も体も整えるメン活を2つご紹介したいと思います。

椅子に座って行う腹式呼吸

不安や緊張が強くなると、交感神経が活発になり、速くて、浅い呼吸になります。緊張しないようにとコントロールすることは難しいですが、呼吸はある程度コントロールすることができます。

試験が始まる直前など、リラックスしたい時には、まずは腹式呼吸をしてみましょう。腹式呼吸をすることで、脳が「今はリラックスするときだ」と捉えて、リラックス状態を作り出してくれます。

腹式呼吸のやり方

❶ **椅子に座って、足を肩幅程度に開きます。**

❷ **背筋を軽く伸ばして、おへその5㎝位下の丹田《たんでん》というところに両手をあてます。**

❸ **鼻から4秒程度かけて、ゆっくり息を吸います。**（イラスト①）

この時、お腹を風船に見立てて、お腹の中の風船に空気が入っていくイメージで、お腹をふくらませます。

❹ **4秒程度息を止めます。**

❺ **吸う時の倍の8秒くらいかけて、ゆっくり口から息を吐きます。**（イラスト②）

この時、お腹の風船から空気が抜けるイメージでお腹をしぼませます。

※腹式呼吸は、試験中でも、電車の中でも、いつでも、どこでも気軽にできます。

また、腹式呼吸は、リラックス効果だけでなく、持久力がつき、ぽっこりお腹を解消する効果もありますので、親子で取り組んでみてください。

漸進的筋弛緩法《ぜんしんてききんしかんほう》両肩バージョン

漸進的筋弛緩法は、名前がなんだかいかついのですが、名前とは裏腹に、心も体もリラックスした状態を作り出してくれます。

緊張している時、不安な時に、「リラックスしてください」と言われても、なかなかリラックスは出来ませんよね。本人はリラックスしたつもりでも、身体はカチカチで緊張したままということは多々あります。

いきなりリラックス状態を作るのは難しいので、まず意識的に身体の各部分に思いっきり力を入れて緊張状態を作ってから、脱力することで、リラックス状態を味わうことができます。これを**漸進的筋弛緩法**といいます。

漸進的筋弛緩法のやり方

❶ 椅子に座って、足を肩幅程度に開きます。

❷ 背筋を軽く伸ばします。

❸ 両方の肩を耳に近づけ、肩をすくめるようにして、肩を緊張させた状態を5秒程続けます。

（イラスト③）

❹ 一気に力を抜いて、両方の肩がダラーンと力が抜けた状態を20秒程続けます。

力が抜けた（リラックスした）状態を味わいます。（イラスト④）

※気を付けていただきたいのは、力を入れる際には、7～8割程度の力で行うということです。極端に力を入れる必要はありません。腹式呼吸と同様、漸進的筋弛緩法もいつでも、どこでも気軽にできます。緊張している時以外にも、勉強していて疲れた時や気分転換をしたい時にもおススメです。

イラスト①

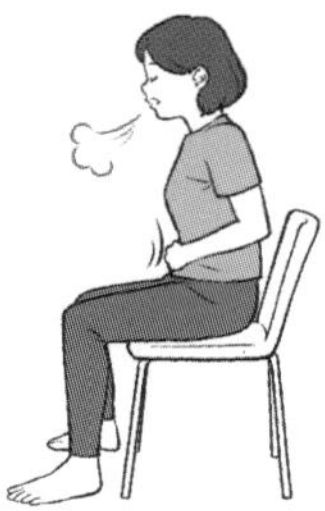

イラスト②

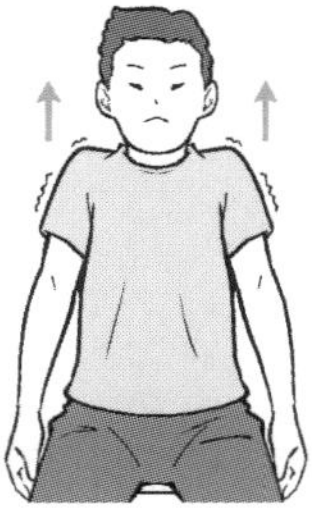

イラスト③

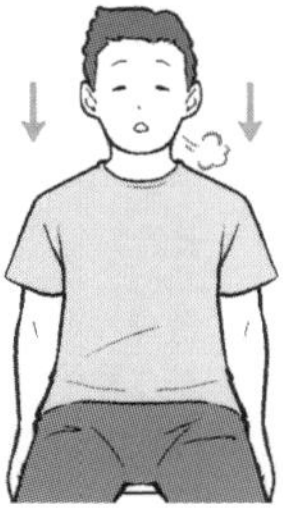

イラスト④

ゲームやスマホとの付き合い方

僕が中学受験をした2016年当時は、今とは違い、小学生でスマホを持っている子はほとんどいない状況でした。僕もスマホは持っていなかったので、それを踏まえて読んでいただけたらと思います。

僕が、スマホの代わりに何をしていたかといいますとゲームです。家には、持ち運びができるゲーム機と、リビングのテレビに設置するゲーム機がありました。

持ち運べるゲーム機は、勉強と勉強の合間や、学校の宿題が終わって、塾に行くまでの合間などの隙間時間に行い、設置型のゲーム機は、模試が終わった日などには、兄弟や家族とやっていました。

今思うと、ゲームなどの好きなことをする時間というものが、学校の休み時間のように日々組み込まれていたのと、それとは別に、模試が終わった後などには、大々的な自由な時間がありました。そのため、「ゲームをやりたいのに全然やらせてもらえない」「自分が好きなことをする時間がない」といったストレスを感じることはありませんでした。

中学・高校生になってからは、そこも自分でコントロールしていたのですが、試験前などに、「今日からスマホは一切やらない」などと極端な計画を立ててみても、結局は続きません。いつの間にかスマホを触っているということの繰り返しでした。そこで、試行錯誤してたどりついたのが、**「時間で切る」**というものでした。家でも休み時間を設けて、その時間は何をしても良いという形にしたら、スマホと上手く付き合えるようになりました。

ゲームやスマホは決して悪ではないと思います。ゲームやスマホの何が問題かというと一度始めるとズルズルとやり続け、終わらせることができないことだと思います。つまり、ゲームやスマホも依存的にならなければ、他のメン活と同様、脳や心身のリフレッシュにつながり、受験勉強にプラスになるということです。

依存性が強いものは自分の意志でコントロールすることが難しいので、その場合には、親御さんの方でサポートをしてあげたら良いと思います。サポートの仕方は、「これならいいよ」「ここならいいよ」「この時間ならいいよ」というように、**物や場所、時間のいずれかの枠を提示する**というのがスタンダードかと思います。

ここで注意していただきたいことが1つあります。たとえば、親御さんが「これならいいよ」

と学習マンガを与えても、お子さんの方からしたら「それは勉強じゃないか!!」とツッコミたくなり、かえってストレスがたまる場合があるということです。勉強の香りがするものは、息抜きにはなりにくいです。「自由時間くらい、好きに過ごさせてくれ～」と中学受験OBとして声を大にして叫ばせていただきます。

僕からの提案です。親御さんの方からは、物や場所の提示ではなく、時間という枠を提示していただいて、その間に何をするかはお子さんに自己決定権を与えていただけたら、きっと受験勉強にもプラスになると思います。

また、時間の枠を与えるということで、「もうこんな時間だから新しい遊びはやめておこう」というように、時間の管理が上手になります。それは試験の時間配分のテクニックにもつながるかと思います。自由時間は、時間配分の練習だと思って、お子さんの好きなことをやらせてあげるのも良いかと思います。

Mental Care

第5章

小学6年生の秋

ショートストーリー
Short Stories

フリースロー

あらすじ 智則は30年前の中学受験で開成中を不合格になった過去がある。その後、もう二度と受験はしたくないという思いから、高校は大学の附属高校に推薦で進んだ。しかし、自分よりはるかに成績が悪かった同級生が中学から私立に進学して医者になったと聞き、なんとしても小学校6年生の息子の学《まなぶ》には名門私立中に行かせて、医者になってもらいたいと考えていたのだが……。

息子の学には、最初から開成だけは受けさせるつもりはなかった。学は緊張しやすく、本番で実力が発揮しにくいタイプだからだ。小さい時にミニバスをやらせていたが、学はいつも試合になるとフリースローを外していた。そういうところは、悲しいことに、自分にそっくりだ。

2月1日山王岡中学校、2日碧学院、3日筑駒か碧学院ということで小4から父子二人三脚で頑張ってきた。

1日目は、最上位層は開成か麻布、特に医者狙いは開成に流れるだろうから、そうすると1日の山王岡は、かなりおいしい。

妻の久美子によると、塾の先生は、「開成も狙える」と言っていたそうだが、それは塾の戦略だ。山王岡より開成の合格実績が欲しいだけ。あいつらは、落ちても責任を取るわけではないから、そうやってすぐに上を受けさせたがる。


インフルエンザの予防接種を受けるために、家族3人で、病院に行った。試しに何も言わないでいたら案の定、学も久美子も、テキスト類を出そうとしない。そもそも持ってきてもいない。学は病院に置いてあるアレルギーの冊子を見始めた。

「いつも、こうなのか?」

2人に話し掛けると、学と久美子は2人で目を合わせて、まるで外国語で話しかけられたような表情で俺を見た。

「こういう隙間時間に勉強しないのかって、聞いてるんだよ」

「あぁ…」

久美子は質問の意味は分かったようだが、質問には答えずにいる。

俺は、どうせこんなことだろうと、持って来た塾の理科のテキストをカバンから出し、学に問題を出し始めた。

「ポンプの働きをする器官で、動脈血を大動脈に送り出す器官は?」

「左心室?」

「はぁ?」

「右心室」

「どっちなんだよ」

「う、右心室?」

「左心室だよ」

「やっぱり。最初ので合ってたんだ」

「は? 右か左しかないんだから、両方言えば、どっちか当たるだろうが。つい、さっきやったとこだろ? バカか、お前は」

今、何時だろうと思って腕時計を見ると、学は俺に叩かれると勘違いして、ビクッとした。

そういうの本当にやめてもらいたい。特に外では。

これじゃあ、まるで、俺が普段から学を虐待してるみたいじゃないか。

俺は学に手をあげたことなんか一度もない。

「じゃあ、全身で使われた血液を静脈を介して受け取るのは何？」

「えっ？　何？　もう1回言って」

「面倒くせーな。何度も言わせるなよ。だから、全身で使われた血液を静脈を介して受け取るのはどこかって言ってんだよ」

「左心房」

「違うよ。右心房だよ。お前本当に頭悪いな」

「えっ、今、右心房って言ったよ」

「お前は、左心房って、言っただろうが。な？」

久美子に同意を求めるが
「ごめん。よく聞いてなかった」と、とぼけられた。

「お前、こんなんじゃ医者になれないぞ。っていうかその前に、こんなんじゃ全落ちだからな」

「米田さ〜ん」

看護師の元気な声が響き渡ると、学と久美子はホッとしたような表情をした。

その夜、今までずっとひとりで思い悩んでいたことを思い切って久美子に話してみた。

「学って、学習障害じゃないかと思うんだけど、お前はどう思う？」

「どう思うって、そんなことあり得ないでしょ。塾でも一番上のクラスなんだし」

「違うんだよ。学習障害っていうのは、ＩＱは低くないから、一番上とかそういうのは関係ないの。今日も、病院で右も左も分かってなかったじゃないか」

「右も左もって？」

「右心室とか左心房とかだよ」

「それって、右も左も分からないっていうのとちょっと違うんじゃない？　それに、学は分かってるよ。前に、私とやった時は全部できたから。だけど、あなたが怖いから、学は萎縮しちゃって、分かんなくなってるんだよ」

「それが分かってないってことなの。要するに、学の理解は曖昧なんだよ。それから、萎縮するっていう言い方は語弊があるからやめてくれない？　学はすぐに集中が切れるだろ？　だから俺はあえて、嫌われ役を買って、厳しくしてるの。久美子は分かってくれてると思ってたんだけど、そんな言い方されたら、俺はやってられないな。役割分担だよ、役割分担。だったら、役割チェンジする？　久美子にはできないだろ。俺だって嫌われ役なんか買いたくないけど、学のことを思って、心を鬼にして、仕方なくやってるの。それはいいとして、学って、集中力もないだろ。

それも発達障害のせいなんじゃないかと思ってるんだよね」

「さっきは、学は学習障害って言ってたけど、今度は発達障害って。発達障害と学習障害って違うの？」

「根っこは同じだよ。つまり、学はちょっとそういう障害みたいなところがあるから、人の倍やらないと受からないかもしれないってこと。あとさぁ、アイツ目も合わないだろ。いつも、キョロキョロ、オドオドして。そういうの全部当てはまるんだよね…」

「学は、目も合うよ。合わないのは、あなたが怖いか…」

「もういいや。久美子と話してても埒があかないから」

学には学習障害だか発達障害だか、何かしらの障害があるんじゃないかと思っていたが、ここ最近、その症状が特に顕著だ。ついさっき勉強した所も忘れてるし、隣で勉強を見てても、すぐにボーっとしてる。なんか言うと、キョロキョロ、オドオドして、目が合わない。

会社の先輩の息子なんて、何日も風呂にも入らず、1日中、ずっと勉強しているらしい。彼は高3だが、受験生なんて本来はそんなもんだろ。それに比べて、学ときたら、メシ食いながら、テレビ見て笑ってるんだから、幼すぎて、話にならないよ。

塾の志望校の最終面談には、急遽、夫婦で参加することになった。

「本日はお父様にもお越しいただき、ありがとうございます。1日は山王岡ということで、そちらを軸に進めていかれていますが、学君も真面目ですし、とても順調にいかれ…」

校舎長が事前に提出した資料を広げようとすると
「すみません、そちらは破棄していただいて、こちらに差替えてもらえますか？」

智則は自分で作った表をカバンから取り出した。

「あのですね、1月の高島大学附属はそのままで、1日虎ノ門、受かったら2日虹明、落ちたら虎ノ門…。こちらに変更しましたので」

「お父さん、そうしますと、1日は、山王岡は受けないで、虎ノ門で行くということですか？それなら、1日目は山王岡のままで、虎ノ門は2日目に受けられたらどうでしょうか？」

「いや、先生、2日目の虎ノ門の偏差値ご存知ですよね？ 2日の虎ノ門は高いですよ」

「でしたら、1日は山王岡のままで、2日を碧ではなく、もう少し下げて、確実に2日で押さえるとか…」

「そうよ。虎ノ門なんて一度も話題にあがったことも、行ったこともないじゃない。1日は山王岡ってことで、学もずっと頑張って来たんじゃない。それなのに、こんな直前になって急に受験校を変えるなんて。学はこのこと知らないんだよね？ 今になって急に変えられる学の気持ちも少しは考えてよ」

「えっ⁉　学君は知らないんですか？　お父さん、この時期に、それは、ダメですよ」

「久美子、中学受験っていうのは親の受験なんだよ。虎ノ門の何がすごいって、当日発表なんだよ。そうするとその合否によって、翌日以降の受験校が組み立てやすいの。分かる？　これがどんなに重要なことか？　俺は、久美子と違って、色々調べて、考えて、その上で言ってるの。1日の合否も分からないのに、2日をどこか受けるなんて、恐ろしすぎてできないよ。受験は博打じゃないんだよ。大学受験と違って浪人もできないからね。人生でたった一度きりなの、中学受験は。だから失敗なんて許されないんだよ。学、試合ではフリースローも入らなかったじゃん」

「フリースローは受験とは関係ないでしょ？　それに悪いけど、結構入ってたから」

「まぁ、フリースローはいいとして、虎ノ門も良い学校だよ。医学部にも沢山入ってるから。医学部だけで言えば、御三家並みだよ。とにかく、1日に虎ノ門に受かって、その合格を持ってて、2日や3日に、筑駒でもなんでも、学が好きなところ受ければいいじゃん。本当に学のことを考えてるのはどちらですかね？　ねえ、先生？　妻は中学受験のことよく分かっていないんで、先生からも言ってやってくださいよ」

解説
Explanation

小学6年生の秋／受験で気をつけること

心理的安全性

「**心理的安全性**」という言葉をご存知ですか？　2012年にGoogle（グーグル）のリサーチチームが「チームのパフォーマンスを向上させるためには、心理的安全性を高めることだ」と発表して以来、チームの生産性を向上させる方法として、注目を集めるようになりました。もと もと、心理的安全性という概念を最初に提唱したのは、ハーバード大学で組織行動学を研究するエイミー・エドモンドソン氏です。エドモンドソン氏は、「**対人関係において、リスクのある行動をしてもこのチームでは安全であるという、チームメンバーによって共有された考え**」を「心理的安全性」と定義しています。

では、なぜ心理的安全性が生産性を向上させるのでしょうか。「こんなこと言ったら、笑われるかな？」「こんなことをしたら、怒られるかな？」という思いがあると、何かに挑戦することを躊躇してしまい、可能性を広げる機会を失ってしまうからです。心理的安全性のない環境ですと、お子さんが受験で十分に実力を発揮できない可能性があります。

みなさんの家庭には心理的安全性はありますか？

心理的安全性は、立場が低い人にとってはとても大切なものですが、どうしても、子どもや女性は立場が低くなりやすいです。では、どういう場面では、みんなが同じ立場にいられるでしょうか？　それは、時の運です。おみくじやじゃんけんなど運の要素が強いものにおいては、実力がある人もない人も、大人も子どもも、みんな平等です。そこで、「うちは心理的安全性が低い」と思われたら、家族みんなで、黒ひげ危機一髪ゲームなど運の要素が強い遊びを取り入れてみることをおススメします。おみくじ入りのフォーチュンクッキーやマスコットが入っているエッグチョコなどをみんなで食べるのも楽しいですよ。

お子さんの幸せを願って、親御さんが良かれと思って行った言動も、時にはお子さんの可能性をつぶしていることもあります。**中学受験を通して、家族の全員が、自分の考えや意見、気持ちを安心して表現できる家庭**を築いていけたら良いですね。

第一志望校変更

塾では小学6年生の夏休み中に過去問に着手するところが多いということから、夏休み開始前には第一志望校を決めているご家庭が多いと思います。

そこからは、第一志望校を目的地(ゴール)として学習を進めるため、志望校を変更することは合理的ではないと言われています。特に、独特な問題を出す学校については、そちらに特化した学習をする必要がありますし、また、典型的な問題が出題される学校においても、記述や選択肢の割合や出題傾向などは異なります。志望校変更は、目的地が変わってしまうので遠回りにはなります。

しかし、実際には、成績の乖離があるなど、一旦決めた第一志望校の変更を検討することもあるかと思います。

悩ましいのが、もともと合格圏にいたのに成績が下がってしまった場合です。お子さん本人が自信を失ってしまい、志望校変更を望んでいる場合は、夏休み明けの9月辺りをリミットとして、変更することも有りかと思います。しかし、お子さんは第一志望校を変更したくないと思っているのに、親御さんの方で、安全策として偏差値が低い学校に変更するということは、お勧めできません。

お子さんの意に反する志望校変更は、心理的には、変更したこと自体が疑似的な不合格の挫折体験になり、自信やモチベーションを失わせかねないからです。

しっかりしているように見えても、試験を受けるのは人生経験が浅い小学生です。**中学受験の本番ではメンタル面の影響がとても大きいので、不本意な志望校変更は、偏差値を下げたとしても、偏差値通りの結果に繋がらない**ことも多々あります。

どうしても志望校を変更した方が良い場合には、挫折体験にならないように配慮しつつ、本人がこの学校に通いたいと思えるところを一緒に探してあげると良いでしょう。

POINT

・受験で実力を発揮しやすいのは「心理的安全性」の高い環境！
・お子さんが納得していない志望校変更は、偏差値通りの結果につながらないことも！

Q14 志望度の低い1月校（前受け校）は受験しなくても良い？

（小6男子のお母様）

元々1月校（前受け校）を受験するつもりでいました。ただ、その学校はうちからは遠いので受かっても通う予定はありませんでした。

しかし、旦那が「行きもしない学校を受験するために1日費やすくらいなら、2月校の勉強を自宅でした方がマシ」「風邪の感染リスクもあるし、入試のシミュレーションなら、今まで沢山模試を受けて来たんだから、それで十分だ」と言い出しました。それも一理あるのですが、子どもは1月校を受験したいと言っていて、私も受験させたいと思い、母子と父で意見が割れたので塾の先生に相談しました。

塾の先生は、結論から言うとご家庭の判断でということで、ふりだしに戻ってしまいました。どうしたら良いでしょうか？

A14 1月校（前受け校）受験のメリットとデメリット

1月校（前受け校）受験については、目的がいくつかあります。

❶進学先の確保
❷本命校のリハーサル
❸合格をもらうことでの心の安定
❹1月校の合否や点数を2月の受験校の判断材料にする

このうち、❶はないとのことなので、❷・❸・❹を目的として、1月校（前受け校）を受験した方が良いかどうか意見が割れているのかと思われます。

たしかに、模試というのは本番のリハーサルという位置付けです。本番で、同じ問題は出なくても、同じ様な状況は起こります。

緊張した時、分からない問題が出た時、テスト時間が足りない時、体調がすぐれない時、忘れ物をした時、電車が止まっている時、休み時間の過ごし方、当日持ち込むテキストなど…模試は、親子でそういった時の対応方法を予め決め、実践してみるリハーサルの場です。もしまだ、そのリハーサルが不十分であるのなら、この時期より後には模試はほとんどないので、心の避難訓練として、1月校を活用することは有効だと思います。

また、合格することで❸の心的安定にもつながります。たとえ不合格になってしまった場合でも、お子さんの性格や声の掛け方にもよりますが、ケアレスミス対策などにつながれば、プラスの効果がもたらされると思います。

受験するのはお子さんなので、そこも含めて、メリットとデメリットの両方があるけどどうしたいかをお子さんに確認してください。基本的にはお子さんの意見を尊重する形が悔いのない受験に繋がるかと思います。

Q15 「見直し」をしたがらない子には、どんな声掛けが良いですか？（小6男子のお父様）

息子は、普段から誤字脱字が非常に多いです。

テストでも、「思いました。」を「思いまいた。」と書いてしまうような誤字がよくあります。どんな風に見直しをしているか聞いてみたところ、「ちゃんと書いてるから見直しはしていない」と言うので、「現に、ちゃんと書けていないのでバツになっている」と、見直しの必要性を伝えました。しかし、その後も誤字脱字が散見されたので、再度見直しについて確認してみたところ、

「見直しをしても、結局点数は変わらない。意味がないのでやめた」という答えが返ってきました。

どうしたら、見直しをして誤字脱字を防げるようになるのでしょうか？

A15 お子さんのケアレスミスパターンの傾向をつかみましょう！

私達も「見直し」をしたのに、自分のミスに気付けなかったことってありますよね？

それは「**文脈効果**」といって、**脳は、誤字や脱字が含まれた文章でも、前後の文脈から自動的に、意味が通るように「補正」しながら読んでしまう**からです。

そのため、お子さんが言っていることも一理あり、「見直し」しても気付けない事もあります。

そこで、まずは、「見直し」で誤字脱字を発見することよりも、そもそも誤字脱字が起きないようにすることが失点を防ぐことにつながります。

ケアレスミスについては、この後のＺｅｎのコラムで詳しく扱いますが（161ページ参照）、誤字脱字はケアレスミスの1つです。ケアレスミスはどうしても一定数は生じてしまうのでゼロにすることは非常に難しいですが、ゼロに近付けることはできます。

そのためには、まずは、**お子さんがどんな誤字脱字をして失点になったのかを書き出して、傾**

向を把握してみてください。

「思いました。」が「思いまいた。」というように、文末に誤字脱字が出やすいというお子さんの傾向が分かったら、それを伝えてあげましょう。文末は気を付けて書くように意識するだけでもかなり失点具合が違ってきます。また、見直す際にも、全体を見直すのではなく、文末を中心に見直すと誤字脱字が発見しやすくなります。

あと数点でクラスが上がれたのにということを経験し、入試本番に近付くにつれて、お子さんは1点の重みに気付きます。そして、その気付きが、「見直し」についての意識を変えてくれると思います。

誤字脱字の書き出しは、見直しと失点を防ぐきっかけになるかと思います。一度試してみてください。

メン活
Mental Training

親子でメン活❺
五感を意識する

どんなメン活を行うか迷ったら、「五感」を意識することをおススメします。

「五感」とは、❶**視覚**（見る）、❷**聴覚**（聴く）、❸**嗅覚**（嗅ぐ）、❹**味覚**（味わう）、❺**触覚**（皮膚で感じる）の5つになります。

昨今は、五感がキャッチする刺激や情報があふれており、お疲れ気味の方も多いかと思います。五感の刺激のキャッチがうまくいかないと、特定の感覚に過敏になるほか、反対に鈍くなってしまうこともあります。これを「感覚過敏」といいます。「聴覚」や「嗅覚」にしても、騒音や悪臭はストレスになりますが、心地よい音楽や好きな香りはリラックス効果をもたらします。プラスにもマイナスにもなりうる「五感」を味方につけて、楽しくメン活していきましょう♪

❶視覚

万華鏡を見る、オイル時計を見る、夜空を見上げる、写真を見るなど

五感の中で、視覚が占める割合は80％といわれています。昨今は、森林などの緑が減り、スマ

ホやPCの進化に伴い、文字や画像といった視覚的な情報があふれていて、私達の目は非常に酷使されています。そこで、何かを見るのではなく、「見ない」ということも視覚のメン活になりますので、アイマスクをする、目をつむることもおススメです。

❷聴覚

ラジオを聴く、音楽を聴く、虫の鳴き声を聴くなど

聴覚は母親のお腹の中にいる時から機能していて、五感の中で一番早く発達しているともいわれています。歌など聞いていて心地よい音もありますが、中には、黒板を爪でひっかくキーという音など、不快な音もあるかと思います。聴覚は視覚と同様、常に働いていますので、耳栓をするなど、何も聴かないというのも癒しの時間になります。

また、音楽の中には、集中力が向上する曲やリラックスできる曲もあります。アップテンポの曲は脳を活性化させてくれますし、しっとりとした曲は興奮状態を静めてくれる効果がありま す。勉強中に聴く曲、試験の前に聴く曲など、心身の状態や目的に合わせて曲をチョイスするとさらに効果的です。

❸嗅覚

ミカンの匂い、ココアの香り、お花の香りなど嗅覚は脳に瞬時に届き、気分の切り替えや緊張

時のリラックス効果が期待されます。香りによって、効能が異なります。

安眠したい時はラベンダー、集中力を高めたい時はレモン、リフレッシュしたい時にはペパーミントが効果的といわれていますので、用途に合わせて使い分けてみてください。また、お風呂にゆずやヒノキの入浴剤を入れるのも一石二鳥のメン活となり、おススメです。

❹味覚

スイーツを食べる、コーヒーを飲む、アメをなめるなど
「食」については、第3章の「親子でメン活」（103ページ）で詳しく取り上げていますのでそちらをご覧ください。
それ以外のおススメの味覚のメン活は「歯磨き」です。歯磨きをすることで、リフレッシュできますし、虫歯予防にもなります。受験生には風邪の予防と同じくらい、虫歯予防も大切です。
また歯磨きは、味覚だけでなく、嗅覚や触覚にも効果がありますのでおススメです。

❺触覚

ペットをなでる、青竹を踏む、ボールをニギニギする、毛布に包まれるなど
自分で何かに触れるのではなく、マッサージやハグしてもらうなど、人に触れてもらうのも効果的です。最近は疲労回復パジャマというものも売られています。また、お布団は羽根布団のよ

うな軽いものよりも、少し重めのお布団の方が安眠につながるようです。身に付けるものは、触り心地だけでなく、機能面も考えて選ぶのも良いと思います。

※心地よい感覚には個人差があるので、人が良いと言っていても自分には合わなかったということもあります。またその日の気分や体調によっても、心地よいものは変化しますので、その時、その時の自分にとって心地よいものをチョイスしていただけたらと思います。

❶視覚

❷聴覚

❸嗅覚

❹味覚

❺触覚

中学受験経験者・現役東大生 Zenのコラム 3

ケアレスミスの原因と防ぎ方

僕も中学受験の時はケアレスミスが多く、それで塾のクラスが下がったり、席が後ろになったりと、非常に悔しい思いをしたことが何度もありました。

ケアレスミスはヒューマンエラーなので、残念ながらゼロにはなりませんが、限りなくゼロに近付けることはできます。

なぜケアレスミスが起こるのか

なぜケアレスミスが発生するのかと言うと、時間の余裕がないからです。「家で解き直しをしたらできた」という経験は、みなさん一度はあるかと思います。時間に余裕がない状況ですと、気持ちの余裕もなくなります。焦って処理速度を上げようとするため、ケアレスミスが発生しやすくなります。車のスピードが上がると事故に繋がりやすくなるのと同じです。

一般的に模試は、最初の方は難易度が低めな問題が多いです。答案用紙にまず名前を書く際に、ゆっくり丁寧に書くことで、**易しい問題にもスピード超過で入らず、安全運転で取りかかることができます。**

僕もケアレスミスが多かったと先ほど書きましたが、模試の時に、ケアレスミスを防ごうと思っても、普段していないことをいきなり本番で気を付けるということは難しいです。どんなに緊張していても、外に行くときに靴を履き忘れる人はめったにいないですよね。そのように、意識しないでも無意識レベルで行えるようにすることが大切です。

中学受験の時に、僕は毎日、朝食前に、算数の計算問題と漢字の問題に取り組んでいました。その際に必ず、丁寧に名前を書いて、1回深呼吸してから、取り組むようにしていました。家で解く計算や漢字なので、わざわざ名前を書く必要はないのですが、それでも無意識に行えるように、あえて試験の時と同じように、毎回名前を書いて問題を解くようにしていました。最初は名前を書き忘れたり、雑に書いたりすることもありましたが、これを行うことで落ち着いて問題に取り組めるようになり、ケアレスミスは格段に減りました。

ケアレスミスのパターンとその対策

ケアレスミスには、大きく分けて3つのパターンがあります。

❶文字誤認型

（例）自分で書いた文字を「0（ゼロ）」なのに「6」と見間違えたなど

❷オーダーミス型

（例）周りの長さを聞かれているのに、面積を答えてしまったなど

❸転記ミス型

（例）答えが「2839」と出たのに、「2389」と書いてしまったなど

ケアレスミス対策として、僕は、「たらればノート」を作りました。ケアレスミスをした問題だけをピックアップしてコピーをしてノートに貼り、どのパターンのミスをして、何点失ったということを書きこんでいました。そうすると、このミスさえなければ何点だったということが可視化され、次回の再発予防につながります。僕は、オーダーミス型が約70％、文字誤認型が約25％、転記ミス型が約5％といった割合でした。

一番多かったオーダーミス型ですが、同じような問題を沢山解いていると、僕は図形を見たら、

「はいはい、面積の問題ね」と思い込んでしまうことがよくありました。そこで、問題文に線を引いて何を聞かれているのか確認するようにしました。文字誤認型については、僕の字がヘタというのもありますが、さすがに自分で自分の字を見間違うのは残念過ぎると思い、間違いやすい「0（ゼロ）」などについては、しっかり止める（閉じる）、大きく書くことを意識しました。転記ミスについては、指差し確認を行うことで、ケアレスミスがほとんどなくなりました。

指差し確認については、利き手と反対の手の人差し指で、ミスがないか「指差し確認」することをおススメします。

我が家では、野球の大谷選手にあやかり「二刀流指差し確認」と名付けていました。

みなさんの利き手の反対の手は働き者ですか？

僕は、利き手の反対の手をあまり使わなかったのですが、利き手と反対の手を使うことで、確認作業ができてミスが減ることに加え、脳が活性化され、集中力も向上すると言われ、使うようにしました。

大谷選手ほどではないにしても、利き手の反対の手がさぼっていたら、働かせてくださいね。

ケアレスミス対策・3選

❶安全運転
❷ミスのパターンを把握
❸二刀流指差し確認

これで、ケアレスミスは限りなくゼロに近付くと思います。

何か新しいことを習得して10点増やすのは大変ですが、ケアレスミスを減らして10点増やすことは意外と簡単です。各科目で1問ずつミスをなくせば、10点アップなんて、あっという間です。

ケアレスミスが多い人こそ、是非、試してみてください。

合格
必勝

Mental Care

第6章

受験当日

ショート
ストーリー
Short Stories

梅の花

あらすじ　2月1日。結衣の本命校の入試の日。雄二は、娘の結衣と入試のために二人で学校に向かっていた。妻の恵は下の子を幼稚園に送り出してから、学校に来ることになっていたのだが、行く途中で、結衣が腹痛を訴えた……。

「なんか、お腹が痛いかも」

本命校に向かう電車の中で結衣がつぶやいた。顔色は悪くないが、少し辛そうだ。今朝もお腹が痛いと言っていたが、妻があげた薬を飲んで、「治った」と言っていたのだが…。

こんなこともあろうかと、早めに出ておいて良かった。

「どんな感じ？　シクシク痛いの？　チクチク痛いの？　ズーンと痛い感じ？」

「えぇ…。何だろう。分かんない。なんか痛い」

「いつもの感じ？」

「いつもとは、ちょっと違うかも…」

結衣は大事な試験の前になると不調を訴えることがある。ましてや、今日は本番だ。いつもと違うのは当然だ。水なしで飲める下痢止めの薬を渡し、次の駅で下車した。

「パパは、ここで待ってるから行っといで」

女子トイレには入れないので、すぐ近くで待っているが、結衣は一向に戻って来ない。トイレを何度ものぞいていると事情を察したおばあさんが近付いてきた。

「トイレすごい並んでたからね。あぁ、出てきた、出てきた。お嬢さん、大丈夫？　お父さんが心配して見に来たよ」

「大丈夫か？」

「う〜ん…。出なかったから、もういいや。行かないとやばいし…」

「お嬢さん。はい、これ。お腹痛いならこのアメあげる。お父さんにもあげるね。これ、梅だから、何にでも効くんだよ」

「ありがとうございます」

親切なおばあさんは、ふたりにアメを1つずつ渡してくれた。結衣はすぐにポケットにアメを入れた。

結衣がアメをポケットに入れてくれてホッとした。申し訳ないけど、大事な試験本番の日に、知らない人からもらったものを口にしてもらいたくなかったからだ。

雄二はお礼だけ言ってアメをポケットにしのばせた。

「間に合うかな？」

「大丈夫、大丈夫」とは言ったものの、時間はかなりギリギリだ。

改札を出ようとしたら、雄二が引っかかった。

なぜ？　昨日、俺と結衣のＰＡＳＭＯには、それぞれ５０００円チャージしたばかりなのに。

「先に行ってて、パパは後からすぐ追いかけるから」

先に改札を出た結衣に声を掛けて、窓口に向かった。慌てていて、入場した時にちゃんとタッチできていなかったらしい。

急いで走っていくと、校門の直前で結衣に追いついた。

結局、試験会場についた時には、集合時間のギリギリになっていた。

「結衣、お腹が痛いのは気持ちの問題かもしれないから、がんばって！　薬も飲んだし、大丈夫だよ」

結衣は泣きそうな顔で、「うん…」と言って、校舎に入っていった。あとは待つしかない。

後から合流した妻の恵と待機室で過ごし、試験終了の時刻になった。生徒が続々と出て来る。しばらくして、結衣が青い顔をして出てきた。こんな表情の結衣を見るのは初めてだ。

結衣が泣きながら恵にしがみついた。

「ママがいい。パパはヤダ…」

結衣がワンワン泣いているので、他の親子も驚いた顔でこっちを見ている。

「ここで泣いててもあれだから、とりあえず、お昼ご飯食べに行こうか?」

その日は、午後受験も予定しているので、午後受験の学校の近くの和食レストランにランチの予約を入れておいたのだ。

「パパはもう帰って。ママにだけ話がしたいから」

なんかあったら電話をしてというジェスチャーをすると、恵が無言でうなずいたので、校門を出て、駅に向かった。

「ママ、どうしよう、生理になっちゃったの…」

再び結衣は泣きだした。

「泣かないの。大丈夫だから」

後で、恵から話を聞くと、結衣は、学校に入った後も腹痛は治らなかったが、下痢ではないと思ってトイレに行くのは我慢していたらしい。２時間目の算数が終わっても痛みが治まらずにトイレに行ったら、トイレがすごく混んでいた。

やっと結衣の番になり、トイレに入ると下着に血が付いていて、生理になったことに気付いたが、教室に戻って、カバンの中の生理用品を取り出して、再び、トイレに行く時間はなかったので、そのまま試験を受けたという。しかし、血がズボンや椅子に付いたらどうしようと心配になり、腰を浮かせたが、途中で、カンニングと思われたかもしれないと気になり、試験に全く集中できなかったそうだ。

試験の出来は、午前中の本命校は最悪で、午後に受けた第４志望校はまずまずだったとのこと。

「結衣は？」

「寝た。朝に、お腹が痛いと言っていたのは、生理痛だったんだね…それなのに、私は気付いてあげられなかった。やっぱり、最初の予定通り、私が結衣に付き添って、あなたに幼稚園の送迎をお願いすべきだった。私が方向音痴だから、あなたにお願いしちゃったけど、こんなことなら私が行くべきだった。なんで、そうしなかったんだろう。時間を巻き戻せたらいいのに…。落ちたら、私のせいだ…」

恵の涙は止まらなかった。

「これぱっかりは仕方ないよ。誰のせいでもないってば。そんなに自分を責めるなよ…」

でも、本当は付き添った自分が気付いてあげるべきだった。

あんなに準備して頑張ってきたのに、なんてタイミングが悪いんだろう…。

結衣は腹痛がいつもと違う痛みと言っていたのに、俺は気付けなかった。

別れ際に、腹痛も気持ちの問題かもと言ってしまったし、改札でも引っかかって、学校までの道をひとりで歩かせてしまったのも、全部が全部、悔やまれる。

もし落ちていたら、付き添いした自分のせいだ…。

合格発表の午後10時が近付いてくる。結衣には明日以降の試験に影響を与えないように発表は2日だと伝えてある。

重苦しい気持ちでパソコンに向かい、学校のホームページにアクセスする。

結衣、万が一、残念な結果でもお前の実力が足りなかったからじゃないからな。

責められるべきは俺だから。

結果は…

『おめでとうございます』

ピンクの画面と梅の花が目に飛び込んできた。

「結衣、受かってる！　ほら、この梅の画面見て！」

「本当⁉」

泣き顔の恵の目が大きく開かれる。

「結衣、起こさなきゃ！　待って、でも、これ、梅じゃない。桜だよ」

おばあさんの梅、何にでも効く梅…。

やっぱり効き目あったみたいだ。

雄二は静かにポケットからアメを取り出して、一つ口に放り込んだ。

それは、甘くて、ほのかに酸っぱくて、なんだか懐かしい味がした。

解説
Explanation

受験当日／受験で気をつけること

生理用品や薬

小学6年生の女の子は、この時期に初潮を迎えるお子さんも少なくありません。試験の前に女の子が「お腹が痛い」と言った場合には、生理痛という可能性があることも考えておいた方が良いです。

入試の際に、生理用品を、ポーチなどに入れて持たせていますか？　ひょっとしたら、それは、あまり意味がないかもしれません。

ショートストーリーで、結衣ちゃんは試験中にトイレに行って生理に気付きましたが、教室に生理用品を取りに行き、再びトイレに行くことは、時間がないので諦めました。実際に、休み時間のトイレは結構混みますので、一度用を足してから、再び教室に戻って、もう一度トイレに行く程の時間の余裕はないと思われます。

そのため、生理用品はポーチではなく、ポケットに入れた方が良いです。腹痛を訴えているときや、生理の周期によっては、予め下着にナプキンをセットしておいた方が安心だと思います。また、水なしで飲める薬などを持たせている方も多いかと思いますが、そちらも同様で、ポケットに入れておいた方が安心です。その理由は、万が一、試験の途中で体調不良になった際にも、トイレに行くことは許可されますが、カバンを開けて薬を取り出すことは許可されていないことが多いからです。

試験中には、色々と想定外のことが起こります。それが、「○○だったらどうしよう」という未来についての不安、予期不安にも繋がってしまいます。万が一、何か起きても大丈夫という状況を作ってあげることで、それが何よりのお守りになり、かなり不安が軽減されます。

別室受験

どんなに気を付けていても、受験当日に発熱やインフルエンザ、コロナなどにかかってしまうこともあるかもしれません。そういう場合に、別室受験ができるかどうかは学校によって対応が異なりますので、事前に学校に確認されると良いと思います。インフルエンザやコロナなどの法定伝染病の場合は受験できないという学校もありますし、トイレに行ったらその時点でその試験科目は終了という学校もあります。

別室受験の対応をしている学校では、全員が保健室で受験する学校、症状別に教室で受験する学校などと対応もまちまちです。中には、インフルエンザや風邪だけでなく、ケガをしていて、別室受験するというケースもあるようです。

何か起きてしまったら、あきらめないで、まずは学校に事前に連絡してみましょう。

また、第一志望校が別室受験の対応をしていない場合には、万が一に備えて、同じ日に、別室受験可能な学校にも出願しておくという選択肢もあります。

午後受験がある際の昼食場所

最近は、午前と午後に受験するケースも増えています。午後受験の場合は、午後受験する学校で食堂などを利用できる場合もありますが、お子さんによっては、学校では緊張してしまって、あまり食べられなかったという場合もあります。また、お昼時は混んでいることが多く、なかなかお店に入れない、ということもあります。そのため、**午後受験の学校の近くのお店、可能であれば、個室を予約しておくことをおススメ**します。どんなお店か分からない場合は、一度行ってみると良いでしょう。直前ですと、予約が入れられないこともありますので、早めに予約をする方が確実です。

ちなみに、我が家は、和食屋さんに理由を伝えて、畳の個室を予約しました。親子でリラックスでき、少し問題を解いたりすることもできたので、良かったです。

入試当日の持ち物リスト

試験当日の持ち物については、お子さんは**受験票と筆記用具**。親御さんは**お財布（現金とカード）と携帯電話**。それぞれ、これだけ忘れなければどうにかなります。その他については、塾からもチェックリストなどが配られているかと思いますが、私が仕事の相談や自分の子ども達の実際の経験を通して、これは気に留めておいた方が良いと思うことをお伝えします。

❶交通系ICカード　事前のチャージについてはよく言われていますので、大丈夫かと思いますが、ショートストーリーにもあるように、自動改札できちんとタッチをされていないために、引っかかってしまうこともよくあります。特に、急いでいたり、慌てていたりすると、きちんとタッチができていないこともありますので気を付けてください。

❷**時計**　学校によって、時計が禁止の場合もありますので、事前にご確認ください。また、試験中に時計が止まっていたということもまれにありますので、**直前に電池交換**もしておいた方が安心です。その際、試験中にアラームが鳴ってしまうということがないように、デジタル時計はアラームもオフになっているか確認してください。お子さんが忘れた時に貸せるように、親御さんも時計を持参していると安心です。スマートウォッチなど、一部の時計は使用禁止の学校もあるので、お子さんと同じものを持参しておくことをおススメします。

❸**文房具**　シャープペンシルや定規が禁止の学校、三角定規やコンパスが必要な学校もありますので、予めご確認ください。シャープペンシルは、予め短くなった芯は抜いておいて、**長い芯を2・3本入れておく**と良いです。試験開始後に、芯を入れ替えることは時間のロスになります。大した時間ではないですが、試験中には、そういうこともストレスや焦りにつながりますので、事前に準備をしておくと安心です。また、**全く同じ文房具セットをペンケースごと親御さんも持参**して、お子さんが忘れた時や午後受験の時には、そちらを使用するのも良いでしょう。

❹**受験票**　今はダウンロード方式の学校が多いので、**2部作成しておいて、1部はお子さんに、もう1部は親御さんが持っておきましょう**。忘れた時に代用できますし、試験の終了時刻などの確認もスムーズです。プリントアウトする際には、コピー用紙ではなく、少し厚めの用紙（履

歴書程度の厚さ）の方が扱いやすいようですが、学校によっては厚さの指定があるところもあるので確認してください。ダウンロード方式でない場合は、念のため、両面コピーして一部持っておくと良いと思います。また、裏に両面テープやのりを貼って、机から落ちないようにしたという方も中にはいらっしゃるようです。その際に、付箋のりが適度な粘着力で良かったという声もありました。

❺おやつ 休み時間に口に入れるものです。ゼリードリンクやチョコなど、お子さんにとって最適なものを模試の際に見つけておきましょう。中には、おやつの持ち込みが禁止の学校もありますので、ご確認ください。

❻テキスト 試験当日に持ち込むテキストについては、模試を通してどれにするか予め決めておくと良いです。また、トイレが混んでいる場合もありますので、その際に見るテキストも別途準備しておくと無駄がないと思います。

❼水筒 試験に温かい飲み物を持たせる場合は、熱すぎて飲めなかったということがないようにしましょう。また、パッキンがズレてしまって、飲み物がカバンの中でこぼれて、テキストやプリント類が濡れてしまうということもあります。蓋を閉める時には、さかさまにしてもこぼれないか確認した方が無難かと思います。

❽**防寒具**　教室の窓際と廊下側では室温が異なる場合がありますし、人によって心地よい室温は異なります。そのため、体温調節できるものは必需品です。教室が寒かった時のために、中に防寒下着を着込むのではなく、脱ぎ着しやすいように羽織れるものがあると便利です。羽織りものは、**薄いダウンジャケット**がおススメです。小さい巾着袋に入るものも売られています。薄いダウンジャケットは、着ない時には、コンパクトに収められますし、軽くて温かいので親御さんも1つ持っておくと何かと便利かと思います。カイロは貼るタイプと貼らないタイプがありますが、着脱のしやすさでいえば、**貼らないタイプ**がおススメです。ひざ掛けや座布団は、禁止の学校もありますのでご確認ください。親御さんは、学校の体育館や講堂などで待つ際には、足元が冷えることが多いようです。座布団代わりにお尻の下に敷くカイロや靴の中に入れるカイロ、防寒効果の高い靴下などを着用するのも良いと思います。おススメは、ひざ掛けに、カイロを数枚貼ること。コタツのようで非常に温かいです。

※入試の付き添いの際に、上履き入れなど、お子さんの荷物の一部を親御さんが持ってあげている場合、お子さんに渡し忘れたまま別れてしまうケースもたまにありますので、気を付けてくださいね。

	受験生の持ち物（身に付けるもの）	注意事項
□	腕時計	禁止の場合も。電池交換しておく
□	マスク	
□	手袋	

	受験生の持ち物（ポケットに入れるもの）	注意事項
□	薬	一部のみポケットに
□	生理用品	一部のみポケットに
□	ハンカチ	
□	カイロ（貼らない）	

	受験生の持ち物（カバンに入れるもの）	注意事項
□	受験票	
□	鉛筆・シャープペンシル	シャープペンシルは禁止の場合も
□	消しゴム	
□	交通系ＩＣカード	チャージをしておく
□	保護者の携帯番号などの連絡先	万が一、会えなくなった時などの連絡用
□	鉛筆削り・シャープペンシルの芯	
□	定規・三角定規	必要な場合
□	コンパス	必要な場合
□	上履き・靴を入れるビニール袋	必要な場合
□	昼食	必要な場合
□	タオルハンカチ	
□	ポケットティッシュ	
□	飲み物	
□	薬	
□	生理用品	
□	羽織るもの	薄いダウンジャケットがおススメ
□	おやつ	禁止の場合も
□	替えのマスク	
□	ウェットティッシュ	
□	髪ゴム	
□	テキスト	トイレで並ぶ際に見るものも
□	クリアファイル	
□	段ボールの切れ端	机のがたつき対策
□	カイロ（貼る・貼らないタイプ）	

□	ひざ掛け	禁止の場合も
□	座布団	禁止の場合も
□	手紙やお守り	

	保護者様の持ち物	注意事項
□	携帯電話	
□	お財布（お金・カードなど）	
□	受験票	万が一、お子さんが忘れた時のために、お子さんと同じもの
□	筆記用具	万が一、お子さんが忘れた時のために、お子さんと同じもの 午後受験の際の差し替え用
□	交通系ＩＣカード	チャージをしておく
□	腕時計	万が一、お子さんが忘れた時のために、お子さんと同じもの
□	携帯電話の充電器	
□	スリッパ・靴を入れるビニール袋	必要な場合
□	防寒具	
□	薬・生理用品	万が一、お子さんが忘れた時のために、お子さんと同じもの
□	飲み物	万が一、お子さんが忘れた時のために、お子さんと同じもの
□	おやつ	万が一、お子さんが忘れた時のために、お子さんと同じもの
□	昼食	万が一、お子さんが忘れた時のために、お子さんと同じもの

POINT

・当日持ち物リストでチェックする。

・体調不良でも、別室受験ができる可能性はある。

・昼食のお店は事前予約を！

Q16 入試の直前期（1月）に学校を休ませるかどうか？（小6男子のお母様）

感染予防のために、入試直前期（1月）は学校をお休みさせるか、今まで通り過ごすために、学校に行かせるか迷っています。みなさんは、どうされているのでしょうか？

A16 入試直前期（1月）は、本番を意識して生活する！

入試直前期（1月）に小学校を休むメリットは**感染症対策**だけでなく、**受験本番の生活リズム、試験の時間感覚を体内時計に落とし込む**というところにもあります。

こちらがまだ身に付いていないのであれば、小学校をお休みして、本命校受験の際の起床時刻と同じ時間に起き、ご家庭で試験本番と全く同じ時間割で、過去問などに取り組むのも良いと思います。そうすると、自然にその時間に目が覚めて、1時間目の国語は何時何分に始まって、何時何分に終わるというのも、いちいち受験票などで確認しなくても分かるようになるので、時間配分も上手になります。

しかし、親御さんが家に居ないなどで、その辺りがうまく管理できず、逆に、小学校を休むことで生活リズムが乱れてしまうのであれば、お休みすることはオススメしません。

また、小学校の感染状況を1つの基準として、クラスに何人感染者がいたら休ませるというような基準を予め決めておいても良いかと思います。

感染症対策としては、オンライン授業というのも選択肢の1つです。塾によっては、対面かオンラインかを選べるところもあります。また、さいたま市（2024年1月現在）など自治体によっては、小学校でもオンライン授業が受けられる場合もありますので、塾も学校も確認されてみると良いかと思います。

Q17 子どもがカンニングをしていました。

（小6女子のお父様）

娘のカンニングについて相談です。先日、塾に迎えに行った際に、先生から娘がカンニングをしているとの報告を受け、大変ショックを受けました。そこまでプレッシャーのかかるような関わり方はしてこなかったつもりなのですが、本人にも妻にもどのように伝えたら良いか分からず、1人で抱え込んでいます。

娘の成績は入塾当初からずっと上位で比較的安定している方です。先生が言うには、今まではカンニングのような行為は見られなかったが、ここに来て、授業前の確認テストや志望校対策の問題を解く際に、他の子の解答を見ているようだと言われました。実は、家で解いた過去問の記述の答えが解答例とほとんど同じことが何度かあり、解答を写しているのでは?と思ったこともありました。

これまでの模試の結果もカンニングをしていたから良かったのか?と疑心暗鬼になっています。娘には、どう対応したら良いでしょうか?

A17 お子さんを追い詰めないこと。叱責しないこと。

塾の先生からカンニングしていると言われたとのこと、それは非常にショックでしたね。カンニングといっても、試験で他人の解答を見ることの他に、予めカンニングペーパーを作る、宿題の答えを写すなど色々ありますが、今回は他人の解答を見るということについてお答えします。まず、成績が安定して上位であったということは、実力はある娘さんなのだと思います。先生もそれまでは、カンニングはしていなかったようだとおっしゃっていたようですので、入試直前期に始まったのかと思います。

カンニングについては、親御さんや先生などの周囲からプレッシャーがかかるような声掛けをしていなくても、お子さん自身が「良い点数を取りたい」という気持ちが強くなりすぎると、カンニングをしてしまう場合もあります。

入試直前になり、1点の重みを痛感することで、不安が高まっているのかと思います。

お子さんにどのように伝えたら良いかということですが、まず、叱責はしないでください。カンニングをするお子さんの多くは、良い成績を取らなければと追い詰められていて、良い成績を取る手段としてカンニングをしています。そのため、叱責することはお子さんを追い詰めるだけですので、絶対にNGです。

では、どうしたら良いかというと、親御さんからカンニングのリスクをお伝えください。

まずは、**カンニングを実際にしたかしていないか問い詰めないこと。疑わしい行為があるだけで不合格にされるリスクがあるということ、また、カンニングをした相手の解答が正しいとも限**

らないので、カンニングするメリットはほとんどないということをお伝えください。

成績が上位で安定されているお子さんなので、おそらく、解答に迷いが生じた時に、確認を目的として、カンニングしているのだと思います。「迷ったら、最初の答えにする」「全く分からなかったら、最初の選択肢にする」「算数で分からなかったら、8と書く」というように、**カンニングしたくなるような状況の際に、どうするかを予め決めておく**のも良いかと思います。

Q18 入試本番の前泊のメリット・デメリットとは？

（小6男子のお母様）

第一志望校の入試については、雪などでの交通機関の乱れを避けるために、前日から志望校の近くのホテルに泊まることを考えていますが、主人は、息子がやや神経質なので、前泊すると眠れないのではないかと気にしています。前泊のメリットとデメリットを教えてください。

A18 時間の余裕が持てる半面、環境が変わり安眠できないことも！

公共の交通機関の乱れについては、ほとんどの学校が対応をしてくれると思いますので、それが理由で受験ができないという可能性は低いかと思います。その上で、前泊のメリットとデメリットをあげてみたいと思います。

学校の近くに前泊するメリットは、試験当日の朝に、**時間の余裕が持てる**ことです。その時間に、計算や漢字の問題を解く、確認事項のチェックをするなどができます。また、自宅から受験会場に向かうことと比較すると、その分長く寝ることができますし、電車での移動もないので、体力が温存できます。また、乗り物酔いをしてしまうお子さんは、そちらを回避することもできます。

デメリットは、質問者様がおっしゃっているように、前泊することで、いつもの寝具と変わるため、お子さんによっては、**安眠できない**という可能性もあります。また、ホテルのお風呂や机なども自宅のものとは違うので、使い勝手が良くないこともあるかもしれません。加湿器や電気スタンドの有無などを事前に確認して、無い場合は、持ち込んだというケースもあります。

前受け校で前泊を試すというご家庭もありますし、志望校が模試の会場になる場合は、その際に試しに前泊してみると良いかと思います。

ホテルの予約については、直前ですと予約が取れない場合もありますので、迷われているなら早めに予約をした方が安心です。

メン活
Mental Training

親子でメン活❻
「何もしない」ことで嫌な気持ちを乗り越える

今まで、何かをするメン活を中心にご紹介してきましたが、「何もしない」というメン活もあります。**マインドフルネス**や**瞑想**などと呼ばれています。私達は、今、この瞬間を生きているのですが、実は過去や未来のことを考えていて、心ここにあらずという状態になることがあります。音楽を聴いていても、「この間の模試は悪かったな…」と思ったり、「夜ご飯、何を作ろうかな?」と考えたりしてしまいがちです。

ネガティブな過去について思い起こすと、嫌な気持ちを追体験してしまいます。起こってしまった過去は変えられないので、後悔の念はなかなか払拭できません。また、未来についての不安を予期不安といいます。こちらも、いくら「大丈夫だよ」と言われても、それが起こる可能性がある以上、なかなか消し去ることができません。過去や未来のネガティブなことを考えることで、さらにストレスや不安が増してしまいます。

その状態から抜け出すために、瞑想が推奨されています。瞑想は、脳を活性化させ、ストレスを軽減し、パフォーマンスを向上させると言われていて、最近、学校や企業などでも取り入れている所が増えています。

瞑想の1つの「呼吸瞑想」についてご紹介します。「呼吸瞑想」は第4章でご紹介した「腹式呼吸」をしながら、「今、この瞬間」を意識する瞑想になります。

呼吸瞑想

❶ 背筋を軽く伸ばして、椅子に腰かけます。

❷ 軽く目を閉じます。

❸ 鼻から息を吸います。

この時、胸やお腹が膨らむことを感じ、心の中で「膨らんできている」と実況します。（イラスト①）

❹ 口から息を吐きます。

この時、胸やお腹がしぼむことを感じ、心の中で「しぼんできている」と実況します。（イラスト②）

※雑念が湧いたら、「雑念」と心の中でつぶやき、「戻ります」とつぶやいて、再び、呼吸に意識を戻します。呼吸瞑想では、呼吸はコントロールしないで、自分のペースで呼吸します。

この「何もしない」ということは、人によっては難しく、それがストレスになってしまうという声もたまに耳にします。その場合は、無理して「何もしない」というメン活を行う必要はありません。

イラスト①

イラスト②

どうしても雑念が湧いてしまい、瞑想が苦手と感じる方は、「イメージする」ということをメン活に取り入れるのもおススメです。何か思い浮かんでしまった雑念に振り回されるのではなく、自ら主体的に何かをイメージしようというものです。

頭の中で、推しとデートしてみる、生まれ変わったら何になるか考えるなどと、イメージすること自体を楽しみます。

また、過去の嫌な出来事や未来の不安について、どうしても考えてしまうという方は、**「シンキングタイム」をあえて設けて、その時間内にじっくり考える**というように、時間で区切る方法もあります。

※全てのメン活で共通していえることですが、メン活は自分にとって心地よいもの、やりたいと思えることのみを取り入れてください。メン活には、合う・合わないがありますので、効果が実証されているものであっても、無理して行う場合には、効果があまり得られないこともあります。メン活自体がストレスにならないようにしていただけたらと思います。

手紙

1月校は、距離的に合格しても通うつもりはない学校でした。偏差値も低かったということもあり、過去問を1度も解くこともなく当日を迎えました。初めての本番でしたが、模試の方がよっぽど緊張したという状態でした。試験の手応えは、可もなく不可もないといったもので、合格だろうと思っていました。席が暖房の近くということもあり、遠方の学校でいつもより早起きしたので、試験中は眠気が襲うこともありました。そのことを試験終了後に親に話すと、「どれだけ緊張感がないんだ」と呆れられました。

試験の結果は、合格していたものの、点数開示を見ると今まで見たこともないような点数で、非常に悪く、呆然としました。僕はそこで初めて、受験の恐ろしさに気付きました。

どうして、このような結果になったのか。両親や塾の先生からは、「分からない問題が沢山あったのか?」「時間配分を誤ったのか?」などと聞かれ、僕は「なんでこうなったのか分からない」と答えました。今、初めて告白するのですが、それはウソで、本当はどうしてこういう結果になったのかは自分で分かっていました。それは、見直しをしなかったからです。手応え自体は特に悪くはなかったので、おそらくケアレスミスが沢山あったのだと思います。今思うと、合格してもどうせ通わない学校だし、偏差値も高くないしと、なめていたのだと思います。

その後、両親や塾の先生からは、「これが本命校でなくて良かった」「本命校ではこうならないように気を付けよう」と言われましたが、僕は「本命校でもこのような結果になったらどうしよう」という思いから、ずっと不安な気持ちに襲われていました。

僕の学校では、インフルエンザが流行っていたこともあり、2月1日（本命校試験日）の2週間前から、学校を休みました。そして、その日から、2月1日の試験当日と全く同じスケジュールで過ごすことにしました。6時に起きて、計算と漢字練習を行い、朝食をとる。過去問も、1時間目は国語というように、試験当日と全く同じ時間帯で取り組みました。本番同様、休み時間や試験開始までのインターバルも設けました。それを何日か続けると、時間の感覚が身に付き、「3時間目は何時からだっけ?」と考える必要もなくなり、2月1日に向けて、体内時計もリセットされていきました。

生活リズムも整い、1月校の失敗から、ケアレスミスさえしなければ、実力が発揮されることを確信し、次第に不安は和らいできました。

そして、本番。本命校の門をくぐって、塾の先生の激励を受け、親と別れると、再び、これまでにない緊張に襲われました。周りが全員自分より頭がよく見え、涙が出そうで、この場から逃げ出したい気持ちのまま、教室に向かいました。

席に着くと、親が「お菓子が入っている袋に手紙を入れたから、席に着いたら読んでね」と言っていたことを思い出して、袋から手紙を取り出しました。そこには『この手紙を読んでいるということは、本命校を受験できたということで、それだけで、あなたの受験生活は大成功だ』というようなことが書かれていました。それを読んだら、「よし！　やってやろうじゃないか」と気持ちが奮い立ち、良い緊張感で本番に臨むことができました。

恥ずかしいのですが、手紙については、大学受験の際にも同様にもらっていて、それは僕にとてつもないパワーを与えてくれました。

僕からお願いです。みなさんもどうかお子さんに手紙を書いてあげてください。

それはきっと、自信や安心、励みに繋がることかと思います。

Mental Care

第7章

受験直前期～受験後

ショートストーリー
Short Stories

女優

あらすじ　あゆみの娘で小6の愛華は、小3から通塾していた。成績は安定しており、ほとんど上位クラスにいたが、最後の模試は過去最低を叩き出していた。合格をもらいに行った1月校はまさかの不合格。愛華の第一志望校の白金学園は、2月1日、2日、5日と3回受験することができる。愛華は2月1日の白金学園の合格を確実視されていたのだが……。

こんな長丁場になるとは、願書を出す時点では、想像すらしなかった。

あゆみは深いため息をついた。

2月4日の午後。

もうすぐ慶陽の1次の発表がある。受かっていれば、翌日の5日は2次試験の面接だ。

でも5日は、愛華の第一志望・白金学園の3回目——最後の試験の日でもある。

5日の3回目は御三家に落ちた受験生もリベンジをかけて集まってくる激戦の日だ。

5日は、慶陽の2次にするか本命の白金の3回目にするか非常に悩ましいが、それは慶陽の1

次に受かっていたら考えることにしよう。

それにしても、ここまでの数日は本当に長かった…。

2月1日午前の第一志望の白金学園の1回目の入試が終わった時、愛華は良いとも悪いとも判断が付かない、なんとも言えないような表情で出て来た。

受験生に「どうだった？」と手応えを聞くことは御法度とも言われているが、あゆみは聞かずにはいられなかった。

聞いた途端、愛華は泣き出した。

隣の席の男子が、試験中にずっと鼻水をすすっていたり、愛華の机がガタガタしていたりして、試験の手応えは、最悪だったとのこと。

午後は、滑り止めの花河女子中学の試験があるので、昼食をとるために、試験会場近くのレストランに行ったが、ランチの時間帯ということもあってか、どこのお店も長蛇の列だった。仕方ないから、時間を考えて慌ただしく、ファストフードで昼食を済ませることにした。大事な試験を控えているから、本当はもっとリラックスできるお店で昼食をとらせてあげたかったのにな…。

あゆみは店の予約をしていなかった自分の準備不足を悔やんだ。

翌日の2日の午前は、第1志望の白金学園の2回目の試験日だ。

愛華は、1回目の合否が分からないまま、2回目の試験を受けている。

昨日、机がガタガタしていた件があったので、愛華には段ボールの切れ端を持たせた。

愛華が試験を受けている最中に、前日の白金の合否がインターネットで見られることになっている。体育館にも貼り出されるのだが、見に行く勇気はない。

あゆみはトイレで結果を見ようと思ったが、同じような考えの人が多いのか、トイレは長蛇の列になっていたので、保護者控え室になっている食堂の隅で隠れるようにしてスマホを取り出した。

白金は1回目の試験が一番入りやすいと言われている。逆に言うと、これを落とすと、非常に厳しい戦いになる。

今まで、何十回とスマホで模試の結果を見てきたが、それとは比べ物にならない。

緊張で手が震える…。

結果は不合格だった。

子どもが試験を受けている最中に、同じ空間で、その学校の合格発表を見るのは残酷だ。

何人かの保護者が電話をして、合格の報告をしたり、食堂を出て行ったりと慌ただしい。食堂を出て、入学の手続きをしに行くのだろうか?

そのうえ、その直後に1日午後の花河女子中学の合格発表もあったが、そちらの結果もダメだった。

持ち偏差値より10も下の滑り止め校だ。何かの間違いと思い、何度も見てみたが、結果は同じだった。

愛華に何て言おう…。

あゆみの胸はキリキリと痛んだ。

白金の試験が終わると、愛華は前日と違って、とても良い表情で出て来た。こういう時の結果は大体良い。

「どうだった」と、1日の合否を愛華が聞いて来た。

白金の校門を出るまでは、あゆみはそれには答えずにいた。周りでは、「ヤッター」という声も聞こえてくる。

「この後、国際恵比寿学院を受けに行こうか」と言うと、愛華はポロポロと涙を流した。

「それって、1日の白金が駄目だったってことだよね。花河は？　花河は受かってた？」

あゆみが黙って、首を振ると

「花河もダメなんて、もうどこも受からないじゃん…」

なんとか、愛華をなだめて、2日午後の国際恵比寿の最寄駅に着いた。あゆみは奥歯をかみしめて歩いていた。

油断をするとあゆみの方が泣いてしまいそうだったからだ。

2月3日の午前は慶陽で、午後は国際恵比寿の2回目だった。

3日は、慶陽ではなく、もっと偏差値の低い学校も検討しておくべきだったのかもしれない。でも、愛華のこれまでの成績と努力を考えると、1日の白金に落ちるとは思えなかったし、1日午後の花河に受からなかったことについては、塾の先生も信じがたい様子だった。

試験は何が起きるか分からない。それは、何度も聞かされてきたことだったけど、まさか我が子の身に起こるとは…。

慶陽の試験中に、2日の白金の結果がアップされた。

祈るような思いでスマホの画面を見たが、またダメだった。

誰も自分のことを見ている人などいないはずなのに、あゆみは周りの視線が気になってしかたがなかった。

慶陽の試験が終わると、愛華は機嫌が良さそうな口調で「時間が全然足りなかった。これはガチ」と言ってきた。

「白金はダメだった?」と愛華が軽く聞いて来たので、あゆみもあえて微笑んで頷くと「やっぱね」と明るい答えが返ってきた。

でも、隣の愛華を見ると、静かに涙を流していた。

塾の先生に、「お母さんは女優になってください」と言われたのを思い出した。それは、負の感情を表に出すなということなのだろう。

「今日は、午後の国際恵比寿の近くのお店を予約したから、そこでランチしよう。愛華の好きなうどん屋さんだよ」と、あゆみは努めて明るく話しかけた。

「ママ、やっぱり、午後の国際恵比寿は受けなくてもいい? 疲れたし、なんか頭が痛くて…。今日はもう帰りたい」

ダメでもいいから、受けるだけ受けようよ、だってまだ愛華はどこも…。

そんなことは、とても言えず、「そうしようか…」とだけ言って、国際恵比寿は受けずに、2人で家に向かった。

途中で愛華は「気持ち悪い」と言ってしゃがみ込むと吐いてしまった。

翌日の4日は、午後から国際恵比寿の入試があった。
最初、愛華は、「受ける」と言っていたが、この日も吐き気と頭痛がするというので、4日は試験を受けないで、5日の最後の3回目の白金の試験に備えることにした。

そして今――
2月4日の午後を迎えている。
ここまで愛華は1つも合格を手にしていない。
どこにも受かっていない子なんて、日本中で愛華だけではないだろうか？
慶陽に受かる可能性は今となってはかなり低い。
もう嫌だ。逃げ出したい…。
ダメダメ。こんな時こそ母親はしっかりしないといけないのに。
私は女優にならないと。
あゆみは慶陽の発表にそなえて背筋を伸ばした。

慶陽の1次の発表はＷＥＢと学校の掲示の両方で行われる。しかし2次の手続きまでの時間が非常にタイトなので、自宅でＷＥＢの発表を見ていたら手続きに間に合わない。

とはいえ、学校で発表を見る勇気はないので、あゆみは夫と慶陽の近くのカフェで待ち合わせをして、そこで合否を確認し、受かっていたら、学校に手続きをしに行くことにしていた。

同じような考えの人達が多いのだろう。カフェは受験生の親らしき客でいっぱいだった。

合格発表の時間になった。

あゆみはスマホで見ようとしたが、全然繋がらない。パソコンで見ている夫も同様だ。

そのうちに、近くの席で「ヤッター」「ウソ！　合格してるよ」と言った声があがってきた。

しばらくして、夫が「なかったよ」と力なく微笑んだ。

夫のパソコンの画面を見ると、ズラッと数字が並んでいた。何度もスクロールしてみたが、愛華の番号は、どこにもなかった。

その時、隣にいた赤いベンチコートを着た男の子が、「それ、見せてくれますか？」と言ってきた。

えっ？　こっちは、帰ろうとしているのに。

「なかった」と言ってるのに…。

夫が「いいですよ」と言って、パソコンを隣の親子の方に向けた。

(図々しい。夫も見せなくていいのに…)

「繋がらないので、すみません」と上目遣いに言って、その母親がスクロールし始めた。

「あった、あった！　マジ、ほら、ここ見てよ」

「どこ？　本当だ！　あった、あった。ヤダあ、お母さん、老眼だから。アハハ」

男の子が笑顔で叫んでガッツポーズをした。

その際に、その手がカップに当たり、カップが倒れて、コーヒーがあゆみの置いていたコートに掛かった。

「すみません」とは言ったものの、その母親は拭きもせずに満面の笑顔で
「急いで学校に行って、面接の手続きしないと」

「それな！　取り消しになったら、やばいから」と言って、二人は慌ただしく去っていった。

「大丈夫？　身体には掛かってない？　熱くない？」

夫が紙ナプキンで、こぼれたコーヒーを拭こうとした途端、あゆみは涙が止まらなくなった。

コーヒーは、もうとっくに冷めていたから、熱くはないし、身体にも掛かっていない。コート

も裏地に掛かっただけで、そんなに被害はない。

でも、なんで？　なんで、いつも愛華の番号だけがないの？

どうしたら、受かるの？　誰か教えて…。

あゆみは涙が止まらなかった。

夫が優しく背中をなでてくれた時、愛華の出産のことを思い出した。

それは、とても難産だった。陣痛はあるものの、入院してから24時間経っても、お腹の赤ちゃんはなかなか出て来る気配がなかった。

立ち会った夫は、ずっと腰や背中をさすってくれていて、病院から支給された不織布のパジャマに穴が空いてしまったほどだった。

その内、赤ちゃんの心拍数が下がってきていると看護師さんに言われた。

「お願いです。お腹の赤ちゃんだけは、どうかお助けください」とあゆみはずっと祈っていた。

その後、無事に、愛華は元気な産声をあげて産まれてきた。

（お願いです。どうか愛華に、合格をください…）

慶陽の結果については、夫と2人で相談し、愛華が少しでも前向きな気持ちになれるように、
慶陽は受かっていたけど、第一志望の白金の最後の3回目の入試に全力を尽くすために、あえて

手続きはしなかったと言うことに決めた。

本当のことを伝えるべきなのは分かっている。でもこれ以上愛華を傷つけたくない。それに、もしかしたら慶陽に合格したと伝えることで、自信を取り戻し、本来の愛華になってくれるかもしれない。

迷ったけれど、2人で話し合って決めて、そう伝えた。


家に帰ると愛華は寝ていたが、夜8時すぎに起きて来た。

まだ、気持ち悪いけど、何か食べたいと言うので、あゆみがキッチンでお粥や果物を用意していると
「慶陽に受かったなんて、どうせウソでしょっ！」

愛華のヒステリックな声が響いた。

「もう、こういうのが一番傷つくの！　いつも、いつも、本当に最低…」

愛華は用意したものも口にせず、再び部屋に引きこもってしまった。

やっぱり本当のことを伝えるべきだったのだろうか？

（こういうのが一番傷つくの！）

愛華を傷つけないようにしたつもりが、反対に傷つけてしまったとは…。

私は、母親失格だ。

何と言えば良かったのだろうか?

申し訳なさとふがいなさで、あゆみは一睡もできなかった。


翌日の早朝から、あゆみは吐き気が治まらなかった。

急遽、夫が仕事を休んで、白金の試験の付き添いをしてくれることになった。

あゆみが玄関で2人を見送ると、愛華の方から抱きついてきた。

「ママ、昨日はごめんね。私のことを思って言ってくれたのに。とにかく今日で終わりだからやるだけやってくるから」と耳元でささやいて、玄関をあとにした。

愛華の晴れ晴れとした表情を見て、あゆみは、ますます涙が止まらなくなった。


結局、3回目の最後の白金も不合格だった。

愛華は、白金の不合格の結果を聞いても、もう泣くことはなかった。

愛華は見たことがないような、とてもまっすぐな目をしていた。

もし学校に行きたくなかったら休んでもいいよと言ったら
「大丈夫。そのかわり、今日からはゲームし放題だからね」と微笑み、

「そうだ、昨日のテストに出た、聴導犬の話の続きを読みたかったんだ。ママ、買ってもいいでしょ」と言って、あゆみのスマホで本を注文し始めた。

そういえば、昔は模試の後に、こうやって、本好きの愛華に、模試に出た本を「買って」とねだられたものだった。

いつからか、そういうことも全く言われなくなっていたな…。

この短い数日の間に愛華は本当に成長していた。

視線を感じて振り返ると夫が微笑んでいた。

この数日間は本当に辛かったけど、中学受験をしたことは無駄な事ではなかったのかもしれない。

私も笑顔でいなくちゃね。

女優にならないと。

「この1週間は家族にとって忘れられない時間になったね」

夫の言葉が静かに胸にしみこんだ。

穏やかな1週間が続いたある日、携帯電話が鳴った。

母からだった。

「愛華ちゃんが好きなリンゴを沢山もらったから送るね。あゆみもひろしさんも好きでしょ。時間があるなら、アップルパイにするといいよ。バニラアイスを乗せると美味しいから」

「ありがとう」

電話を切ると、母の優しさが痛いほど伝わり、涙が止まらなくなった。

母は昔から、どんな時もデンと構えている人だった。

それなのに、私ときたら、いつまでもメソメソしていて、本当に情けない。


母との電話を切ってしばらくして、再び電話が鳴った。

母が何かを言い忘れたのかな?

番号を見ると知らない番号だった。

それは、母ではなく、白金学園からの繰り上げ合格の連絡だった。

信じられない。

夢じゃないよね?

愛華の白金への想いが通じたんだ。

「愛華、合格。合格だよ‼」


愛華の目からみるみる涙がこぼれた。

私と愛華は、いつまでも抱き合って泣いていた。

(もう女優にならなくていいんだよね?)

夫が「俺も仲間に入れてよ」と言うと、愛華が泣きながら「ムリ」と言ったので、みんなで大笑いをした。

解説
Explanation

受験直前期～受験後／気をつけること

直前期の成績下降

ショートストーリーの愛華ちゃんのように、直前期に模試で点数を取れなくなり、最後に過去最低点を叩き出し、そのまま、1月校も失敗して、本番を迎える…というケースも耳にします。

直前期に成績が下降する原因は、大きく2つあると言われています。

❶独特な試験問題を出す学校の対策をするあまり、典型的な問題で点数を取りにくくなっていること。

❷メンタル面の不調によるもの。

直前期の成績下降は、急に能力が低くなってしまったということではなく、実力が発揮できず、点数に繋がらなかったということがほとんどです。直前期に成績が振るわないと、「また次も悪い点を取ったらどうしよう」と不安や緊張が生じます。そのことで実力が発揮できず、成績が振るわなくなるという悪循環に陥ります。

不安や緊張については、「社会のＳＤＧｓのところが出たら心配だから、もう一度見直しておこう」というように具体的なものであれば、対処することができ、不安や緊張が軽減されます。しかし、「なんとなく不安」「本番だと思うと緊張する」というような漠然とした不安や緊張の場合は、対処法が見つけにくく、不安や緊張は拭い去れません。

なぜ不安な気持ちが生じるのか？

そもそも、なぜ、不安や緊張が生じるのでしょうか。人は不安を感じたり、緊張したりすると**ノルアドレナリン**が分泌されます。ノルアドレナリンというのは、脳内物質の１つで、良い方にも、悪い方にも作用します。ノルアドレナリンは、集中力や判断力、記憶力を向上させる働きもありますので、受験生やアスリートなどが自己新記録を更新する際には、ノルアドレナリンの働きによるものとも言われています。一方で、ノルアドレナリンが過度に分泌されると、不安や緊張が高まります。これにより思考停止になって、いわゆる頭が真っ白になる状態になったり、ミスを誘発したりしてしまいます。**適度な不安や緊張はプラスに働き**、パフォーマンスを向上させてくれるのですが、**過度になってしまうと、実力が発揮できない**という状態に陥るのです。

それなら、本番で適度な不安や緊張を抱けば良いのではないかと思いますよね。もちろん、それができるならベストです。しかし、不安や緊張の度合いは個人差が大きいですし、緊張をコントロールするのは小学生にはなかなか難しいものがあります。

では、緊張や不安を軽減させるには、どうしたら良いか。何かを「行動する」ことが大切です。

「行動」で不安に対処する

「行動?」と思われましたよね? そうです、「行動」です。

ノルアドレナリンが分泌される時は、「逃げる」か「闘う」かのピンチの状態と脳が判断しているということです。ここで、「どうしよう」と思い悩んでいると、どんどんノルアドレナリンが分泌されてしまいます。すると、不安が軽減されるどころか、むしろ、不安が強まってしまいます。

そのため、不安を解消するには、思い悩んでその場にとどまるのではなく、まずは行動してみることがポイントになるのです。

「行動」と言っても、そんなに大げさなことをする必要はありません。行動は何でも良いのです。

たとえば、「緊張してきちゃった」と言葉にするだけでも良いですし、不安なことを紙に書いてみても良いです。好きなメン活を取り入れてみるのも良いと思います。

この際に、特におススメなのが、身体を動かすメン活です。

セロトニンは精神を安定させてくれる脳内の伝達物質で、「**幸せホルモン**」とも言われています。**歌ったり、ランニングをしたりと、身体を動かすことで、このセロトニンが分泌**され、ノルアドレナリンを正常に戻し、リラックスさせてくれるからです。

試験の直前に緊張したときには、大きく身体を動かすことは難しいですが、目立たない程度に動かすことは出来ます。耳たぶを触る、肘を軽くつねる、手の平に文字を書いてみる、頭の中でしりとりをしてみるな

●不安への対処法

ど、とにかく「何かをしてみる」と幸せホルモンが分泌されて、緊張がほぐれますよ。

不安や緊張もストレス同様、ゼロにはできませんが、軽減することはできます。適度な不安や緊張は受験生の味方になってくれますので、上手に付き合っていけたら良いですね。

POINT

・入試直前期の成績下降の背景には「不安」な気持ちがある。
・不安に対して有効なのは「行動」。不安なことを言葉にする、紙に書き出してみる、身体を動かすなどがおすすめ！

Q19 親子共々、中学進学への不安があります。（小6男子のお母様）

息子は持ち偏差値よりもかなり上の第一志望校に繰り上げ合格しました。いわゆる「奇跡の合格」というものです。最初は、親子で喜んでいたのですが、ある時、息子が「中学校で勉強についていけるかな？」と言って、涙を流しました。「合格なんだから、ついていけるに決まってるでしょ」とその時は言ったものの、果たしてついていけるか私も不安になってきてしまいました。息子は、せっかく憧れの学校に合格したのに、なんだかイライラして、弟に八つ当たりをすることもあります。「奇跡の合格」でもついていけるのでしょうか？

A19 入学前の中学の予習などで、不安を軽減！

入学前は、みなさん期待と不安が入り混じっています。一度に、ポジティブな気持ちとネガティブな気持ちが同時にあらわれると気持ちの処理が複雑になり、心が不安定になってしまうことがよくあります。

学力面でついていけるかどうかですが、**合格しているということは一定の基準を超えているということですので不安になることはありません**。ただ、中学に入ると「英語」という教科が新たに加わり、算数は「数学」という教科に変わりますので、**「英語」「数学」は、入学までに触れておくことをおススメします**。塾によっては、2月と3月に「中学準備講座」などの講習が設けられているところもあります。また、不安が強い場合には、学校で初めて習うということを少し減らしてあげると良いでしょう。入学後は軌道に乗るまで、予習スタイルで取り組んでおくと、「これ知ってる」ということから始められるため、不安が軽減されていくと思います。

また、受験が終わったことで、これまでの生活が一変してしまい、時間やエネルギーを持て余して、それが八つ当たりに繋がっていることもあるかもしれません。これからは、新生活に向けて、新たな時間の使い方を一緒に考えていくと良いかもしれませんね。

Q20 娘が行きたい学校に落ちてしまい、ふさぎ込んでいます。

（小6女子のお母様）

娘は、第1志望校から第3志望校まで全て落ちてしまい、唯一合格した第4志望校に行くことになりました。第4志望校は全く考えていなかった学校で、入試当日に、初めて行ったくらいです。

体調を崩してしまったこともありますが、合格後も小学校にも行き渋り、ふさぎ込んでいます。私も娘を見ると申し訳ないような、もっと何かできたような気持ちになります。また、誰かに会って、受験の結果を聞かれてしまうと嫌なので、あまり外にも出ないようにしています。

今は、私は娘に腫れ物に触れるような扱いをしていますが、どうしたら今までの様な元気な娘に戻れるのでしょうか？

A20 まずは、お子さんとご自身の今までのがんばりをしっかりねぎらうこと。

中学受験では、第1志望校に受かるのは、3人に1人とも言われています。そのため、不本意な結果だった場合も少なくないかと思います。これまで、第1志望校を目標として頑張ってきたからこそ、現実を受け入れがたいかと思いますが、そんな時こそ、好きなメン活を取り入れてみてください。娘さんはもちろんのこと、お母様もこれまで一生懸命頑張ってこられたかと思います。どうか、今まで頑張ってきた自分をねぎらってあげてください。

中学受験は通過点とよく言われますが、本当にその通りです。中学校は、器にすぎません。そして、その器は一生ものではなく、6年後には新しい器に変えることになります。望んでいた器ではないかもしれませんが、器より中身が大切です。お弁当箱に例えると分かりやすいですかね。どんなお弁当箱かよりも、どんな中身かが重要です。どんなに立派なお弁箱であっても、中身がすかすかだったら、それは魅力的なお弁当ではありません。

どうか、**これから6年間で、お子さんが素敵な中身を築き上げていけるようサポートしてあげてください**。今までの受験生活で培ったものは間違いなく素敵な中身にしてくれていますし、今回の不本意な結果も中身を豊かにしてくれることと思います。

これからの6年間、どのように過ごしていくか、親子で一緒に楽しみながら話し合ってみてください。

親子でメン活⑦
メン活には4つの種類がある

ストレスの解消法は人によって違います。体を動かしてストレスを発散することが好きな人も、静かにまったりすることでストレスを解消することが好きな人もいます。

今まで、色々なメン活を紹介しましたが、メン活には発散系と癒し系、動的と静的があり、大きく4つに分けられます。

❶発散系動的メン活

ボクシング、歌をうたう、ランニング、水泳、ショッピングなど

❷発散系静的メン活

感動する映画を観て泣く、サウナ、音楽を聴く、美味しいものを食べるなど

❸癒し系動的メン活

ペットの世話をする、散歩する、おしゃべりするなど

❹癒し系静的メン活

瞑想、マッサージ、森林浴など

受験生やデスクワークが中心の方は、体を使った動的なメン活。スポーツに取り組んでいたり、普段からアクティブに動いている方には、まったりとした癒し系のメン活というように、メン活を補完的に取り入れても良いですね。いつもお気に入りのメン活を行うのも、反対に毎日気分で変えてみても、一人で行っても、大勢で行ってもメン活は楽しめます。

「何をしようかな？」と迷った時のために、図①の様に、縦に発散系と癒し系、横に動的と静的の2つの軸で、4つの枠に分けて、その枠内に、自分の好きなメン活を書き入れておくと便利です。

受験生が合格を勝ち取るには、本人はもちろんのこと、サポートする側の親御さんも心と体が安定していることが大事です。

何度も触れてきましたが、中学受験は親子で取り組む共同事業です。二人三脚・三人四脚で前に進んでいくので、親御さんだけ、お子さんだけが頑張っても良い結果は得られにくいです。

一番スタンダードな新小学4年から始めた場合、本番までは3年以上もあります。その間は、決して調子が良い時ばかりではありません。成績が思うように上がらないことも、体調がすぐれないことも、日々やらなければならないことに追われることもあるかもしれません。

「もういっそのこと、受験なんか辞めた方が良いのでは？」「志望校を変更した方が良いのでは？」と思い悩み、お子さんから「受験したくない」「塾を辞めたい」と言われ、どうしたら良いか分からなくなり、追い詰められてしまうこともあるかもしれません。

それは、親御さんがお子さんのために頑張っている証です。

そんな時は、**一度立ち止まって、ご自分に「頑張ってるね」と声を掛けてあげてください**。

そして、この「メン活」を思い出して、1つでも良いので、何か取り組んでみてください。たった1つの「メン活」が、つらい気持ちをやわらげてくれることでしょう。

親子で日常にメン活を取り入れることで、みなさんの受験生活が素敵にカスタマイズされていくことを心から願っております。

（図①）メン活の例

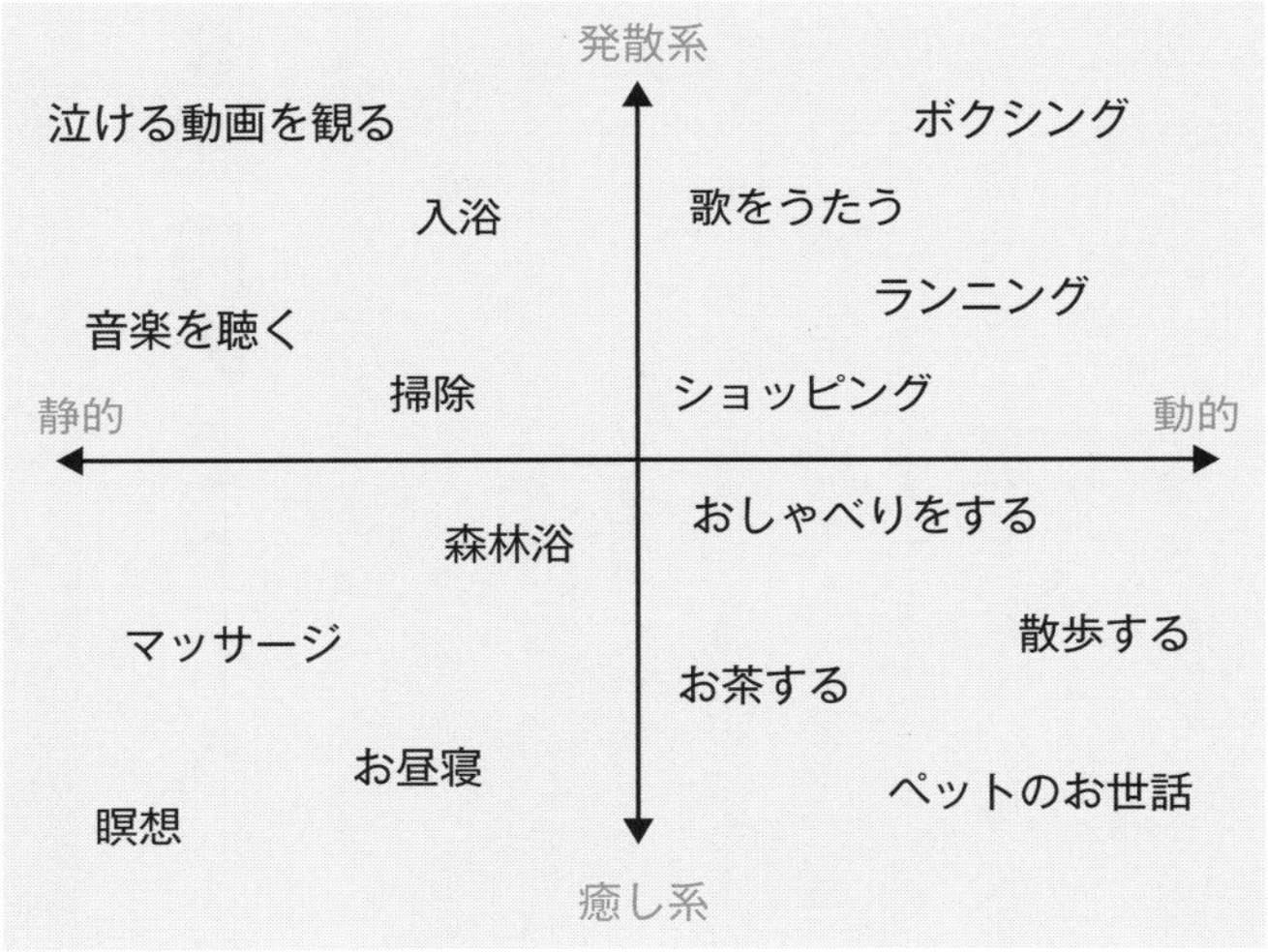

（図②）ご自身の好きなメン活を整理してみましょう

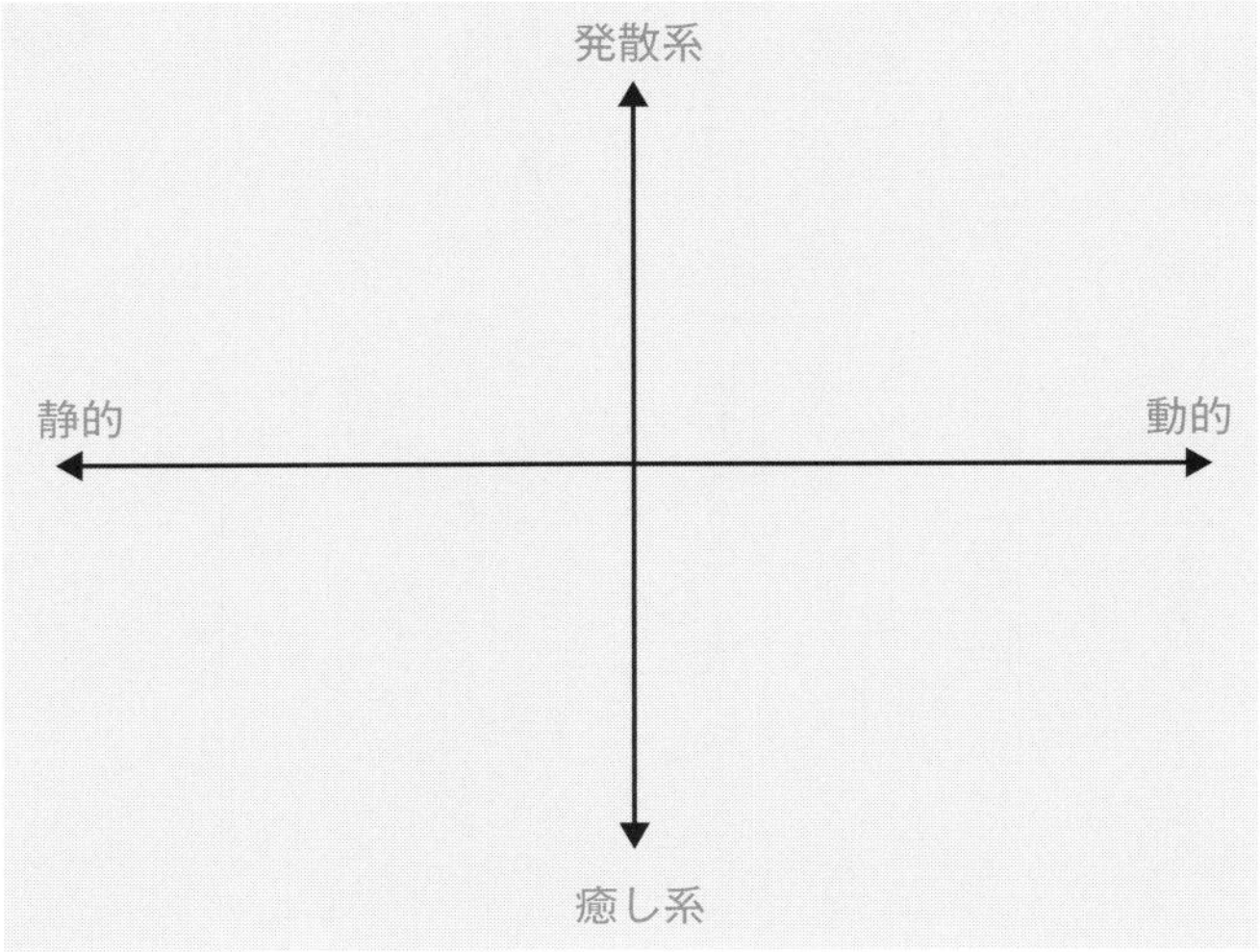

8年前のZenへ

お元気ですか？　8年後の僕は、念願が叶って東京大学に通っています。

大学の授業は、かなり専門的で、難しい課題も時にはあります。でも、前から興味を持っていた分野でもありますし、大変な時もありますが、大学生活をエンジョイしています。

さて、君は1月の前受け校の成績が振るわず、不安を抱いたまま、2月1日を迎えます。

そして、第一志望校の入試では、君は今まで経験したことのない緊張をすることでしょう。

校門をくぐり、送り迎えをしてくれた両親と別れた時、不安感に苛まれます。

その一方で、今までの人生の中で一番の高揚感を感じることでしょう。

大勢の受験生との人生を賭けた戦いは、模試とは全く比べものにならず、本当に緊張し、そして本当に興奮するでしょう。

ただ、君は3年間の中学受験勉強を経て、解答が思い付かない時、計算が合わない時など、どんな状況でも、一息つくことのできる「魔法の言葉」を手に入れましたね。

それは、「問題をよく読む」「字を丁寧に書く」「簡単な問題から解く」から「読・丁・簡」の頭文字をとった「ド・テ・カ」。これは、その後の大学受験でも役立ち、一生のお守りにも武器にもなっています。

8年前のZenありがとう‼　何も心配することはありません。思い切って戦いに挑んできてください。

頑張れZen！

受験生のみなさんへ

みなさんも、何でも良いので、この受験生活の中で、僕にとっての「ド・テ・カ」のような自分にとっての「魔法」を見付けてください。

それは、中学受験だけでなく、その後の人生で、武器にもお守りにもなってくれる一生ものになります。

何か見付けたら、模試の時、過去問を解く時、毎回毎回、それを行うようにしてください。

そして、本番の試験が始まったら、いつもと同じように、この「魔法」を行ってから試験に挑めば、実力が発揮できることでしょう。

最後に、受験は何が起きるか分かりません。

しかし、調子が良くても、悪くても、決してあきらめず、最後の最後まで自分を信じて泥臭く
戦い続けてください。

そうすれば、みなさんの努力はきっと報われることでしょう。

応援しています。

頑張れ受験生！

おわりに

12歳の子どもが挑む中学受験のサポートは、親御さんにとって、非常に難しいものがあります。小学受験では、お子さんがまだ幼いので、完全に親御さん主導で受験を進められます。また、高校や大学受験になりますと、本人の意思が明確になるので、親御さんは表舞台でサポートすることは少なくなります。

しかし、その間である中学受験は、親御さんの主導で進めつつも、お子さんの意思も尊重しなくてはならず、同じ方向に進むことが非常に難しいです。夫婦や家族の間でも考え方が異なることも少なくないかと思います。

さらに中学受験の場合は、受験をしないご家庭も一定数あり、そのファジーさが進む方向を一層ブレさせてしまいます。

「なんのために中学受験をしているのだろうか…」

これは、私のもとに相談に来る多くの方が口にする言葉です。みなさん、様々な志望校に向かって、受験体制をとっているかと思います。

「なんのために中学受験をしているのか？」

この疑問に対する答えは、たった1つです。それは、

『我が子の幸せのため』


みなさんは、我が子の幸せを考えて中学受験をすると選択したのではないでしょうか?

中学受験をすることで、お子さんが傷ついたり、親子関係、夫婦関係にヒビが入ったりすることは、本末転倒です。

『我が子の幸せのために』

中学受験を通して家族の絆を深めていきませんか?

結果ではなく、中学受験の経験がお子さんにとっても、親御さんにとっても、誰にとってもかけがえのないものになればと願っております。


この本がその一助になれたら幸いです。

臨床心理士・公認心理師　真田　涼

【著者紹介】

真田 涼（さなだ・りょう）

RinDa 臨床心理士ルーム代表
臨床心理士・公認心理師、ストレスチェック実施者、児童発達支援管理責任者
東京公認心理師協会理事（2024 年 6 月現在）
小児科にて発達健診や集団療育、保健所の心理判定員、行政の巡回相談員、幼稚園や保育園等でのストレスチェック、教育委員会委託講座などを行っている。
著書：『受験精が来た！』講談社青い鳥文庫
インターネット展開：講談社コクリコ；リアルレポート『現役東大生 35 人に聞きました！わたしの中学受験』
インターエデュ（受験サイト）；メンタルトレーナー『中学受験あるあるお悩み相談室』
ＨＰ：https://rindashinri.wixsite.com/mysite
Instagram：https://www.instagram.com/rinda_shinri/

臨床心理士が書いた決定版!!

中学受験 合格メンタルの作り方

2024 年 6 月 30 日　初版第 1 刷発行

著　者――真田 涼

発行者――張 士洛

発行所――日本能率協会マネジメントセンター
〒 103-6009 東京都中央区日本橋 2-7-1 東京日本橋タワー
TEL 03(6362)4339(編集)／03(6362)4558(販売)
FAX 03(3272)8127(販売・編集)
https://www.jmam.co.jp/

装丁――菅野祥恵(株式会社ウエイド)
カバーイラスト――森崎達也(株式会社ウエイド)
本文イラスト・図版――森崎達也(株式会社ウエイド)／株式会社RUHIA
編集協力――現役東大生 Zen ／ヨガインストラクター Miho ／ Web エンジニア 津崎佳乃子／株式会社ぷれす／有限会社アリエッタ
本文 DTP・本文デザイン――株式会社 RUHIA
印刷所――シナノ書籍印刷株式会社
製本所――株式会社新寿堂

ISBN 978-4-8005-9229-3　C0037
落丁・乱丁はおとりかえします。
PRINTED IN JAPAN